칭찬은 아기 고래도 춤추게 한다

WHALE DONE PARENTING

Copyright © 2009 by Polvera Publishing, Jim Ballard, Thad Lacinak, and Chuck Tompkins
All rights reserved.
KOREAN translation copyrights © 2010 by Book21 Publishing Group
KOREAN translation rights arranged with Berrett-Koehler Publishers
through EYA(Eric Yang Agency)

이 책의 한국어판 저작권은 EYA(Eric Yang Agency)를 통한 Berrett-Koehler Publishers 사와의
독점계약으로 (주)북이십일이 소유합니다.
신저작권법에 의하여 한국내에서 보호를 받는 저작물이므로 무단전재와 복제를 금합니다.

# 칭찬은 아기고래도 춤추게 한다

켄 블랜차드 외 지음 | 박슬라 옮김

| 추천의 글 |

# 아이에게도 통하는
# 칭찬이라는 마법의 힘

참 대단한 책이다. 웅대한 스케일의 스펙터클이 대단한 것도 아니고, 기발한 아이디어가 가득 실려 있어 대단한 것도 아니다. 그렇다고 산뜻한 지식과 지혜를 흠뻑 머금고 있어서 대단한 것도 아니다. 이 책의 뛰어난 점은 초보 엄마아빠들이 아이를 키우면서 겪게 되는 일상의 문제들을 '고래 반응'을 통해 멋지게 해결해나가는 과정에 있다.

저자인 켄 블랜차드는 이미 2003년에 《칭찬은 고래도 춤추게 한다》로 한국의 120만 독자를 감동시킨 바 있다. 이 책은 5000킬로그램의 거구를 가진 범고래가 조련사의 알듯 말듯 한 몸동작 하나로 몇 미터씩 솟구쳐 오르고 물살을 가르며 서서 달리고 귀엽게 춤을 추는 까닭을 파헤치고 있다. 그리고 그 원리를 사람 사는 사회에 적용하여 인간관계 형성에 대한 새로운 통찰을 우리에게 선물했다. 대한민국을 열광하게 만든 칭찬 열풍은 그 작은 결과에 불과했다.

그가 발견한 원리는 아주 간단하다. 고래건 사람이건 원하는 행동을 할 때 칭찬을 해주면 '변화'가 일어난다는 것이다. 즉, 칭찬이 행동을 바꾸는 마술의 힘을 갖고 있다는 것이다. 그냥 칭찬이 아니라 적절한 타이밍의 애정이 듬뿍 담긴 구체적인 칭찬이 더 그렇다. 물질적 칭찬도 가끔씩은 필요하긴 하지만, 토닥여주고 쓰다듬어주고 속삭여주는 보살핌과 관심의 칭찬이 더 마술과 같은 위력을 발휘한다는 것이다.

이 책의 주인공 에이미는 이제 막 5000킬로그램이 넘는 범고래 조련사의 길을 선택한 젊은 직장맘이다. 그녀의 곁에는 세 살짜리 아들 조쉬와 아들을 다루는 데 서툰 남편 매트가 있다.
그녀는 예비 범고래 조련사 프로그램에 참여하면서 거구의 범고래를 다루는 기술을 터득하는 재미에 푹 빠져 있다. 귀여운 범고래들은 이제 솟구치라면 솟구치고, 서서 오라면 서서 온다. 애교를 부리라면 애교조차 부린다. 서서히 그녀는 간단한 손동작, 몸동작 하나로 거대한 범고래를 움직일 수 있는 원리와 기술을 터득해나가기 시작한다. 그러나 집에서는 도대체 막무가내인 세 살짜리 아들 조쉬를 어떻게 다룰지 몰라서 쩔쩔매는 초보 엄마일 뿐이다.

또래의 다른 아이들처럼 조쉬는 늘 제멋대로 변덕이 심했다. 과도

할 정도로 힘이 흘러넘쳤고 예민하고 신경질적이었으며, 엄마아빠를 마음대로 쥐고 흔드는 법까지 알고 있었다. 조쉬는 언제든 에이미와 매트를 미치기 직전까지 몰고 갈 수 있었으며, 이 작은 악마와의 문제를 해결해보려는 부부의 수많은 시도는 모조리 수포로 돌아갔다.

에이미는 유능한 범고래 조련사로서의 자신과 세 살짜리 아들 때문에 어쩔 줄 몰라 하는 자신 사이에 당혹감을 느낀다. 그 큰 범고래를 다루는 일에는 그토록 진지한 흥미를 가지면서 정작 내 자식인 아들에게는 힘들어하고 걱정만 했지 진지한 관심은 없었지 않았는가 하는 자책감이었다. 그리하여 마침내 에이미는 고래 조련에 사용되었던 칭찬의 원리를 조쉬의 행동교정에도 활용할 수 있지 않을까 하는 호기심을 갖게 되고 그 원리를 조심스럽게 활용해보기 시작한다.

우선 그녀가 변화를 시도한 행동은 조쉬의 잠버릇 교정이었다. 조쉬는 다른 보통의 어린아이와 마찬가지로, 누군가 옆에서 지켜보며 달래주어야 가까스로 잠이 드는 까다롭고 신경질적인 잠버릇을 가지고 있었다. 에이미는 범고래들을 훈련할 때 적용하는 세 가지 행동수정의 원칙인 ABC 법칙을 사용키로 한다.

Activator(활력소) – 성공할 수 있는 환경을 조성하라.
Behavior(행동) – 실패하거나 잘하지 못해도 무시하고 관심을 전환시켜라.
Consequence(결과 반응) – 성공에 보상(칭찬)을 해주라.

그녀는 남편 매트와 함께 온갖 궁리를 다해가며 이 지침에 따라 조쉬를 가르치기 시작했다. 결코 쉬운 일은 아니었지만 고래를 훈련하던 경험을 되내이며 인내심을 가지고 원칙대로 밀고 나갔다.

그렇게 고래 반응 기법을 아이에게 적용하기 시작한 지 얼마 되지 않아서 정말로 기적 같은 일이 나타나기 시작했다. 엄마아빠의 타이르는 말이나 권유만으로도 조쉬는 편안히 잠들기 시작했다. 에이미는 이제 고래조련사만이 아니라, 신경질적이고 예민한 세 살짜리 아들 조쉬의 훌륭한 양육자로 변모하게 된 것이다. 에이미는 이런 성공에 자신을 얻어 조쉬의 여러 가지 행동에 관심을 갖게 된다. 떼쓰기, 편식, 고집 부리기, 물건 뺏기, 배변, 감정폭발 등 조쉬가 보이는 부정적 행동을 ABC 법칙을 적용해서 긍정적으로 변화시키게 된다.

이 책 《칭찬은 아기 고래도 춤추게 한다》는 초보 엄마아빠인 에이미와 매트의 눈물겨운 시도를 감동적으로 잘 묘사하고 있다.

어떤 이들은 고래 조련의 원리로 사람을 훈련시킨다는 발상 자체에 거부감을 가질지도 모르겠다. 쥐나 개, 비둘기의 학습 원리를 연구해서 사람에게 적용하려 했던 행동주의 심리학자 스키너를 비판했던 사람들처럼 말이다. 그러나 최근 과학의 발전을 통해 더욱 분명해진 건 동식물의 행태 속에서 인간의 생물학적 특성뿐만 아니라 사회문화적 특성과 같은 원형적 특징을 이해할 수 있는 유사 지점을 발견할 수 있다는 것이다.

동식물 연구를 통해서 인간을 위한 의약품의 개발이 촉진되고 있는 것처럼, 동식물의 행동기제 연구를 통해서 인간의 행동을 더 다양하고 자세하게 이해할 가능성도 점점 커지고 있다. 이 책이 제시하고 있는 세 가지 ABC 법칙은 기실 행동주의 심리학의 상담이론인 행동수정이론(Behavior Modification Theory)의 골격이다. 이 이론이 행동치료(Behavior Therapy)라는 이름으로 정신치료의 한 방법으로 도입되어 강력한 영향력을 발휘하기 시작한 지 이미 50여 년 가까이 된다.

그런 점에서 켄 블랜차드의 《칭찬은 아기 고래도 춤추게 한다》는 행동수정 이론이 육아와 자녀교육에서도 충분히 효과를 발휘할 수 있다는 것을 보여준다. 정신치료의 한 수단이었던 이 이론이 이제 인간관계, 인적자원개발, 자기계발을 넘어 아동양육 분야에 영향력

있는 거물급 실천이론으로 부흥하고 있는 것이다.

행동수정 이론이 그 막강한 잠재성에도 불구하고 교육이나 HRD 분야에서 과소평가 되고 있다는 느낌이 많았다. 이제 이 책이 그런 우려를 불식시키고, 우리 사회를 좀 더 좋은 사회로 만드는 행동수정 이론의 원리와 기술을 확산시킬 수 있을 것으로 기대한다.

- 문용린(서울대학교 교육학과 교수)

| 한국어판 저자 서문 |

## 여러분의 칭찬 한 마디로
## 아이의 미래를 바꾸세요

처크와 타드, 짐과 내가 함께 완성한 이 책이 한국에 발간된다는 소식을 들었을 때 우리 모두는 진심으로 기뻤다. 우리는 앞서 출간한 《칭찬은 고래도 춤추게 한다》에서 신뢰를 구축하고 긍정적 사고를 유도하며 부정적 행동을 전환시키는 데 '고래 반응'이 범고래 훈련에서뿐만 아니라 사람들 간의 상호작용에도 뛰어난 효과를 발휘한다는 사실을 보여줬다. 그리고 이 메시지는 한국 독자들의 가슴에 깊은 감명을 남긴 듯했다.

《칭찬은 고래도 춤추게 한다》는 한국에서 120만 부 판매라는 공전의 히트를 기록했다. 그리고 우리는 여기서 한국의 독자들이 긍정적 사고의 힘에 크게 감동했음을 확인할 수 있었다. 그래서 이번 책, 《칭찬은 아기 고래도 춤추게 한다》를 한국의 독자에게 소개하는 데 있어 두근거리는 마음을 감출 수 없다. 우리는 '고래 반응' 기법을 어린 자녀들을 행복하고 건강하게 양육하는 데 활용할 수 있다는 사실을 보여줄 것이다. 초보 엄마 에이미 셸드레이크는 직장에서 범고래와 함께 일하는데, 다섯 마리의 범고래 커스티와 사구, 캐건, 투탄, 타트로부터 긍정적인 자녀 교육의 원칙들을 배우게 된다. 에이미와 범고래의 이야기가 펼쳐짐에 따라, 한국의 독자 여러분은 자녀를 꾸짖거나 매를 들거나 벌을 주지 않고도 아이를 키우면서 겪을 수 있는 여러 가지 소동들을 헤쳐 나갈 수 있는 비결들을 배우게 될 것이다.

아름다운 세상을 만들고 싶다면, 우리는 잘못된 일을 강조하기보다는 올바른 것에 관심을 집중하는 편이 훨씬 효과적임을 배워야 한다. 이 원칙은 삶의 모든 영역에 적용되지만, 우리가 가장 사랑하는 자녀들을 키울 때 더더욱 중요하다. 이 세상에 살아 숨 쉬는 모든 이들은 다른 사람들의 격려를 필요로 한다. 하지만 그중에서도 우리의 어린 자녀들만큼 사랑과 격려를 절실히 필요로 하는 이들은 없을 것이다. 아이들은 우리가 이 세상에 남기는 유산이다. 우리에게는 우리의 자녀들, 또 그 다음 세대를 긍정적으로 이끌고, 사랑과 희망으로 키울 의무가 있다. 그리고 바로 이것이야말로 이 책 《칭찬은 아기 고래도 춤추게 한다》의 핵심 메시지다. 나는 이 책이 한국의 독자들은 물론 우리가 사는 이 세상까지 변화시킬 수 있으리라 믿는다.

- 켄 블랜차드

| Contents |

추천의 글 · 4
한국어판 저자 서문 · 10

1장  **작은 악마를 천사로 만드는 칭찬의 힘** · 15
범고래에게 배우는 육아의 지혜

2장  **우리 아이가 잠을 안 자요** · 29
올바른 잠자리 습관을 기르는 법

3장  **칭찬도 전략적으로!** · 49
아이의 긍정적 행동을 이끌어내는 ABC 법칙

4장  **아이와 외출하기** · 67
떼쓰는 아이를 달래는 전환 전략

5장  **식탁 위의 전투** · 81
편식하는 아이 골고루 먹게 하는 핵심 기억 법칙

6장  **공갈젖꼭지 떼기** · 97
소유물에 대한 건전한 태도를 기르는 법

7장 **함께 나누는 기쁨** · 109
친구와 공유하는 법 가르치기

8장 **즐겁게 치과 가기** · 123
아이를 주눅 들게 만드는 '안 돼' 줄이기

9장 **칭찬은 모두를 춤추게 한다** · 141
나이를 초월한 고래 반응 기법의 효과

10장 **새로운 식구와 친해지기** · 163
아이의 교감능력을 키우는 애완동물 돌보기

11장 **타임아웃!** · 177
아이의 감정이 폭발했을 때 대처하는 법

12장 **즐거운 화장실 놀이** · 191
배변 훈련은 어떻게 할까?

13장 **우리 아이가 달라졌어요!** · 211
예의 바른 아이로 만드는 도덕성 훈련

저자 후기 · 225

# 작은 악마를 천사로 만드는 칭찬의 힘

### 범고래에게 배우는 육아의 지혜

내가 힘들거나 포기하고 싶어질 때면
언제나 너희들이 큰 힘이 되었지.
너희들은 내게 고래 반응을 가르쳐줬을 뿐만 아니라
아이를 키우는 부모라는 역할에도
그것을 적용하게 해줬어.
우리 아들 조쉬가 그 원칙에 따라 행동할 때마다
얼마나 뿌듯했던지!
너희들이 가르쳐준 것들을
내가 앞으로도 영원히
기억할 수 있다면 좋으련만!

에이미 셸드레이크는 짧은 휴식 시간을 틈타 씨월드의 커다란 풀장 가장자리에 앉아 있었다.

'내가 여기서 일한 지 벌써 1년이나 됐다니, 믿을 수가 없어!'

그녀는 사랑하는 범고래들을 바라보며 생각에 잠겼다.

"너희들은 내 제일 친한 친구들이야."

에이미는 범고래들에게 말을 걸었다. 검은색과 흰색 반점이 뒤섞인 매끈한 몸체가 스르륵 움직이더니 마치 그녀가 한 말을 알아듣기라도 한 것처럼 거대한 머리를 끄덕였다.

"게다가 최고의 선생님이기도 해. 나 같은 초보 엄마한테 너희들이 얼마나 큰 교훈을 가르쳐줬는지 아마 모를 거야. 우리 아이를 키우는 데 필요한 기반을 몇 년이나 앞서 갈고닦을 수 있게 도와주었잖니. 여기서 너희들이 조련사들의 애정과 끈기에 보답하는 모습을 보는 것만으로도 나한텐 충분했어. 너희들이 근사한 공중제비를 돌 때나 우리를 등 위에 태우고 수면 위로 높이 뛰어오를 때마다 관람객들은 열광했지. 그 사람들은 어떻게 너희들을 그렇게 하도록 시키는지 신기해 해. 하지만 우린 시키는 게 아니라는 사실을 잘 알지. 안 그러니, 얘들아?"

에이미는 잠시 말을 멈추고는 물속에서 지느러미를 펄럭이는 친구들을 잠자코 바라보았다. 그녀는 이 고래들을 한 마리도 빠짐없이 모두 사랑했다. 범고래들의 이름은 모두 알래스카 인디언 말에서 따온 것이었다. 몸집이 제일 큰 커스티의 이름은 '삶의 방식', 사구는 '환희'라는 의미였는데 문자 그대로 녀석에게 안성맞춤이었다. 캐건은 '빛', 투탄은 '희망'을 뜻했으며, 가장 어린 타트의 이름은 '밤'을 의미했다.

에이미는 말을 이었다.

"내가 힘들거나 포기하고 싶어질 때면 언제나 너희들이 큰 힘이 되었어. 너희들은 내게 고래 반응을 가르쳐줬을 뿐만 아니라 부모라는 역할에도 그것을 적용하게 해줬어. 우리 아들 조쉬가 그 원칙에 따라 행동할 때마다 얼마나 뿌듯했던지! 너희들이 가르쳐준 것들을 내가 앞으로도 영원히 기억할 수 있다면 좋으련만!"

1년 전.

에이미는 동료 훈련생인 스티브 구테레즈, 로레인 애커맨과 함께 씨월드의 해양관 관람석 꼭대기 줄에 앉아 있었다.

"물 위로 뛰어오르라는 신호야! 힘내, 커스티!"

에이미가 간절하게 속삭였다.

에이미의 말이 끝나기 무섭게 몸무게가 5000킬로그램에 육박하는 거대한 범고래가 물살을 가르며 수면 위로 힘차게 뛰어오르자 관람석 여기저기서 "우와~"와 "꺄아~" 같은 감탄사가 터져 나왔다. 방금 전까지 풀장 한가운데 서 있던 잠수복 차림의 조련사 발밑에서 갑자기 검은 그림자가 솟구쳤다. 검은 그림자 위로 마치 대포알처럼 하늘 끝까지 솟아오른 조련사의 모습을 관람객들은 숨 쉬는 것도 잊은 채 넋을 잃고 바라보았다. 검은색과 흰색 반점이 뒤섞인 거대하고 늘씬한 형체가 하늘 꼭대기에 닿을 것처럼 높이, 수면 위로 모습을 드러내 마치 공중에 매달리듯 순간적으로 그 자리에 멈춰 섰다. 몸통 양쪽으로 어마어마한 양의 물줄기가 쏟아져 내렸다. 여성 조련사는 너무나도 편안한 자세로 고래의 코 위에서 포즈를 잡더니, 전문 다이빙 선수처럼 10미터 아래 수면으로 뛰어들었다.

"커스티와 로리에게 큰 박수 부탁드립니다!"

열정적인 아나운서의 목소리가 울려 퍼졌다. 2000명의 관람객들 사이에서 우레와 같은 박수와 탄성이 쏟아졌다. 세 명의 훈련생들은 환하게 웃으며 하이파이브를 주고받았다.

"어떻게 신호를 알아차렸니? 난 전혀 모르겠던데."

스티브가 감탄스럽다는 듯 말했다.

"맞아, 정말 훌륭했어."

로레인이 말했다.

"고마워, 그냥 운이 좋았던 것뿐이야."

에이미는 싱긋 웃었다.

씨월드의 예비 고래조련사 교육 프로그램에 참가하고 있는 세 명의 훈련생들은 오늘은 특별히 관람석에서 다른 관람객들과 함께 그 유명한 범고래쇼를 구경하고 있었다. 조련사들이 공연 도중 고래들에게 사용하는 수신호와 호루라기 신호, 그리고 다른 자극들을 알아보고 구분하기 위해서였다. 에이미와 동료들은 범고래쇼를 보는 내내 선배 조련사들이 관람객들 몰래 고래에게 어떤 신호를 보내는지 주의 깊게 관찰하며 틈틈이 수첩에 필기를 했다. 묘기나 재주넘기가 하나 끝나고 관람객들의 관심이 다른 쪽으로 쏠릴 때면, 훈련생들은 조련사들이 고래에게 보상으로 사용하는 강화기술들을 찾아냈다.

"물고기를 별로 사용하질 않네."

"아마 저녁 시간대라서 그럴 거야."

"그렇구나."

"지금 이 시간쯤이면 하루 섭취량의 90퍼센트 정도를 벌써 다 먹었을 테니까 말이야. 그래서 몸을 긁고 문질러주거나 고래들이 좋아하는 장난감을 사용하는 거야."

"그러고 보니 아까 커스티의 지느러미를 긁어주는 걸 봤어."

에이미가 덧붙였다.

"커스티는 가슴 지느러미를 문질러주는 걸 좋아해. 반면에 지난번에 보니까 캐건은 그걸 별로 안 좋아하는 것 같더라. 그 아이는 등을 긁어주는 걸 좋아하더라고."

"저것 봐."

로레인이 풀장 구석을 가리켰다. 그곳에서는 관람객들이 풀장 중앙에서 펼쳐지고 있는 묘기에 집중하고 있는 사이, 남은 조련사들이 다른 범고래들과 함께 장난을 치고 있었다. 에이미는 조련사들의 행동을 유심히 관찰하기 시작했다.

"제러드가 호스로 사구의 잇몸에 물을 뿌려주고 있어. 아까 공중제비 돌기를 멋지게 해냈다고 상을 주는 걸 거야. 사구는 잇몸 마사지를 좋아하는구나."

"동물들한테 해주는 보상은 다양하면 다양할수록 좋은가 봐."

스티브가 결론을 내리듯 말했다.

관람객들은 공연 내내 경이와 기쁨의 탄성을 꾸밈없이 터뜨렸다. 범고래쇼는 이 커다란 몸집의 스타들이 경사로를 타고 내려오며 작별인사를 하듯 관람객들에게 거대한 꼬리를 흔드는 것으로 마무리되었다. 관람객들이 삼삼오오 자리를 뜨기 시작했다. 그때 에이미의 귀에 익숙한 말들이 들려왔다.

"진짜 끝내줬어. 그런데 조련사들은 고래한테 어떻게 저런 걸 가르친 거지?"

관람석이 텅 빌 때까지 세 명의 훈련생들은 서로의 필기 내용을 비교해본 다음, 풀장으로 내려가 무대 뒤편으로 이어지는 문으로 향했다.

로레인이 희열에 찬 목소리로 말했다.

"믿겨지니? 조금만 지나면 우리도 곧 저 무대에 나가서 사람들 앞에서 쇼를 하게 될 거야!"

"응, 정말 근사할 거야."

스티브도 흥분한 목소리로 말을 이었다.

"하지만 진짜 스타는 고래들이야."

에이미가 문을 열며 동료들에게 말했다.

"우린 그저 고래를 도와주는 것뿐이지."

그녀는 등의 우아한 곡선미를 뽐내며 물속에서 조용히 쉬고 있는 거대한 다섯 마리의 범고래들을 가리키며 말을 이었다. 동료들과 함께 오늘 공연에서 발견한 내용을 보고하러 사무실로 향하는 사이, 이제는 익숙해진 광경이 에이미의 눈에 들어왔다. 방금 전까지 공연에서 폭발적인 에너지와 힘을 보여주었던 커스티와 사구가 아까와는 너무나도 다른 모습으로 평온하게 시간을 보내고 있었다.

투탄이 먹이를 먹는 구역에서 이쪽으로 헤엄쳐 오더니 에이미를 보고 반가운 듯 커다란 머리를 들어올렸다. 그 모습을 보자 익숙하면서도 짜릿한 기운이 등골을 타고 올라왔다. 평생 꿈꿔온 간절한 소망을 이룬 사람만이 느낄 수 있는 흥분과 기대감이었다.

에이미는 아주 어린 시절부터 동물이 좋았다. 스쿠터라는 이름의 강아지에서 물고기, 거북이, 햄스터, 고양이, 그리고 한번은 다친 다람쥐까지 그녀는 항상 동물들과 함께 있었다. 그리고 아버지가 〈플리퍼(Flipper)〉라는 돌고래 영화를 극장에서 보여주었을 때는 정말 바다에 사는 거대한 동물들에게 홀딱 반하고 말았다.

그 중에서도 그녀의 마음을 가장 강렬하게 사로잡은 것은 위풍당당한 범고래였다. 남편과 함께 씨월드 공연을 본 뒤, 에이미의 머릿속에서는 오직 한 가지 생각만이 맴돌았다. 그녀는 범고래 조련사가 되고 싶었다.

대학에서 행동심리학을 전공한 그녀는 매트 셸드레이크와 5년 전 결혼했다. 2년 후 두 사람 사이에서 사랑스러운(하지만 가끔 작은 악마 같은) 조쉬가 태어났다. 이제 막 세 살이 된 조쉬 생각이 나자, 에이미는 아들이 갑자기 보고 싶어졌다.

하루 종일 코치들의 시범과 힘겨운 실습이 이어졌다. 집으로 돌아가는 에이미의 심경은 복잡하고도 착잡했다. 씨월드에서 일하는 것은 참으로 즐겁고 재미있는 경험이었다. 하지만 다른 한편으로 그녀는 아들 주쉬가 미치도록 보고싶었고 아이를 두고 일을 하러 가야 한다는 사실이 걱정스러웠다. 또래의 다른 아이들처럼 조쉬는 늘 제멋대로에 변덕이 심했다. 과도할 정도로 힘이 흘러넘쳤고 예민하고 신경질적이었으며, 엄마아빠를 마음대로 쥐고 흔드는 법까지 알고 있었다. 조쉬는 언제든 에이미와 매트를 미치기 직전까지 몰고 갈 수 있었으며, 이 작은 악마와의 문제를 해결해보려는 부부의 수많은 시도는 모조리 수포로 돌아갔다. 에이미가 새로 직장생활을 시작했을 때 죄책감을 느낀 까닭도 바로 이런 이유 때문이었다.

선댄스 유아원 주차장에 차를 세웠을 즈음, 에이미는 이렇게 자책하고 있었다.

'고래조련사라는 자기가 좋아하는 재미있는 직업을 갖기 위해 자

기 어린 아들을 팽개쳐두다니……. 뭐 이런 엄마가 다 있담?'

에이미는 자신을 나무라길 그만두고 냉정하게 감정을 분석해본 뒤에야 비로소 자신이 단지 조쉬를 빨리 보고 싶을 따름이라는 사실을 깨달았다.

그녀는 서둘러 본관 건물로 들어갔다. 다른 엄마들이 아이들에게 외투를 입혀주고 있었다. 조쉬가 얼굴 가득 환한 웃음을 지으며 두 팔을 활짝 벌리고 달려 나오는 모습을 보자 가슴이 터질 듯이 두근거렸다. 에이미는 조쉬를 번쩍 안아 들었다. 그리고 문을 향해 걷기 시작했다.

"내일 저녁 학부모 모임에 참석하시는 거 잊지 마세요!"

담당교사가 그녀의 등 뒤에서 외쳤다.

"저녁 7시 30분이에요."


다음날, 학부모 모임이 끝난 뒤 집으로 돌아가는 길에 에이미는 오늘 하루 씨월드에서 있었던 흥미로운 일들을 다시 한 번 머릿속에서 그려보았다. 오늘 범고래와 함께 일하며 배운 새로운 지식들을 한시라도 빨리 매트에게 말해주고 싶어 참을 수가 없을 지경이었다. 그렇지만 현관문을 열자마자 그녀의 열정은 순식간에 날아가 버렸다. 매트가 머리를 두 손으로 감싸 쥔 채 소파에 덩그러니 앉아 있었다. 거실은 장난감과 산더미 같은 잡동사니들로 엉망이었고, 조쉬의 방에서는 째지는 듯한 비명과 울음소리가 새어나오고 있었다.

"도대체 무슨 일이야?"

에이미가 놀라서 물었다.

"도대체 무슨 일이냐고?"

매트가 절망이 뚝뚝 떨어지는 목소리로 대답했다.

"무슨 일이냐고? 조쉬야! 바로 조쉬가 문제라고!"

"조쉬가 또 잠을 안 자려고 해?"

에이미가 재차 물었을때, 매트는 고개를 흔들며 대답했다.

"저 녀석 때문에 내가 속이 타서 말라 죽을 것 같아!"

예전에 조쉬가 요람에서 혼자 잠들지 못할 때마다 에이미와 매트는 칭얼거리는 조쉬를 안아 어르며 재워주곤 했다. 처음부터 그런 잘못된 버릇을 들이지 말았어야 했는데……. 이제 세 살이 된 이 버릇없는 꼬마는 잘 시간이 되어 침대에 눕기만 하면 엄마아빠가 자기만을 위한 5분 대기조라도 되는 듯 악을 쓰며 울어댔다.

아들의 울음소리가 계속되자 그들은 서로의 얼굴을 마주보았다.

"쟤가 우리를 아주 훌륭하게 훈련시켰네."

에이미가 말했다.

"그래, 사실은 그 반대여야 하는 데 말이야. 우리가 쟤를 훈련시

켜야 하는 거잖아."

매트가 한숨을 내쉬며 우는 표정을 지었다.

"당신이 그런 말을 하다니 재미있네."

에이미가 미소를 지으며 말했다.

"사실은 나, 씨월드에서 배운 것들을 집에서도 응용할 수 있지 않을까 하는 생각을 하고 있었거든."

"하루쯤 미룬다고 큰일 나는 건 아니겠지?"

매트가 하품을 하더니 손목시계를 들여다보았다.

"벌써 시간이 너무 늦은 데다 우리 둘 다 피곤하잖아. 공격 계획은 내일 세우자고."

에이미와 매트는 조쉬의 방으로 가 아이를 달랬다. 그들은 이렇게 재우는 것은 오늘이 마지막이라고 마음속으로 다짐했다.

# 우리 아이가 잠을 안 자요

## 2장

### 올바른 잠자리 습관을 기르는 법

> 성공은 단순히 결승점에 이르는 것이 아니라
> 거기에 조금씩 접근해가는 일련의 과정이야.
> 그리고 결승점에 한 발짝씩 가까이 다가갈 때마다
> 그 노력을 인정하고 보상해주어야 해.
> 중요한 것은 범고래들이 자기가 한 일에 대해
> 기분 좋게 느끼거나 뿌듯해 해야 한다는 거야.
> 그게 목표에 아주 조금 가까워진 것에 불과하더라도 말이야.
> 그러니까 처음부터 완벽하게 해낼 필요는 없어.
> 옛날보다 약간만 더 잘하면 상을 줄 수 있으니까.

다음날 아침, 씨월드의 정식 직원들과 세 명의 훈련생이 클린트 조던의 실연을 보기 위해 풀장에 모였다. 클린트 조던은 테마파크의 큐레이터이자 수석조련사였다. 그는 세 명의 신참들에게 반갑게 인사를 건네며 수업을 시작했다.

"우선 저와 우리 조련사들 모두가 여러분이 이 교육 프로그램에 합류하게 된 것을 환영한다는 사실을 말씀드리고 싶습니다."

환호성과 휘파람 소리가 조련사들 사이에서 터져 나왔다.

클린트가 말을 이었다.

"여러분은 모두 이 자리에 적합한지를 확인하는 매우 엄격하고 어려운 시험과 면접 과정에서 살아남은 사람들입니다. 여러분이 지금 그토록 수많은 이들이 꿈꾸는 자리에 서 있다는 사실을 굳이 말할 필요는 없겠지요. 이런 기회를 붙잡을 수 있는 것은 전 세계에서도 오직 소수의 사람들뿐입니다. 사실 이 세상에는 범고래 조련사보다 우주비행사의 숫자가 더 많을 정도거든요."

클린트는 축하의 말을 끝내고 본격적인 교육을 시작했다.

"그럼 먼저 안전에 관해 이야기해봅시다. 범고래와 함께 일할 때는 언제나 위험이 수반됩니다. 특히 고래들이 처음 보는 사람들일 경우에는 더욱 그렇지요. 다 자란 범고래는 몸길이가 5미터에서 7미터나 되고 몸무게는 5500킬로그램까지 나가는, 바다에서 제일 위험한 포식자입니다. 그래서 우리에겐 누군가 고래가 있는 풀에 뛰어들거나 빠질 경우에 대비한 비상사태 관리 및 응급처치 지침이 있습니다. 공연 중 관람객과 조련사들을 위한 안전수칙도 정해져 있고요. 범고래에 대해 알면 알수록 이런 규칙의 중요성을 깊이 깨닫게 될 겁니다. 또 새로 온 조련사들은 훈련에 사용되는 모든 행동 언어를 배우고 익혀야 합니다. 커뮤니케이션을 원활하게 하기 위해서죠."

클린트가 목에 걸고 있던 호루라기를 들어 올려 보였다.

"예를 들어 호루라기는 고래들이 특정한 행동을 정확하게 해냈을 때 '잘했어!'라고 칭찬해주기 위해 사용합니다. 우리는 이걸 '중개 자극'이라고 부르는데, 범고래가 올바른 행동을 했을 때와 그 행동에 대한 보상으로 먹이나 마사지, 또는 장난감을 주는 사이의 시간을 연결해주는 역할을 하기 때문이지요. 자, 그럼 이제 조디가 그녀의 친구 캐건과 어떻게 연습을 하는지 시범을 한번 보시죠."

에이미가 범고래쇼에서 자주 본 경험 많은 조련사 조디가 풀 가장자리를 향해 다가갔다. 그녀가 손으로 간단한 신호를 보내자 갑자기 거대한 형체가 물살을 가르며 다가와 조디의 발밑에 멈춰 섰다. 그녀가 담당하고 있는 범고래 캐건이었다. 조디는 캐건에게 일련의 훈련 과정을 연습시켰고, 캐건이 지시대로 잘해낼 때마다 신중하게 상을 주었다. 훈련생들은 경외의 눈빛으로 그 광경을 지켜보았다. 캐건이 조금도 주저하지 않고 조디의 신호에 맞춰 착착 움직이는 모습을 보자 예비 조련사들의 마음속에서 이 범고래들을 어떻게 훈련시켰는지 알고 싶다는 열정이 점점 더 강렬해지고 있었다. 이제 곧 그들은 해답을 얻게 될 것이다.

조디가 고맙다는 표시로 캐건의 몸을 쓰다듬어주자 클린트가 다시 무대 중앙으로 나섰다.

"동물을 훈련시킬 때는 언제나 지켜야 할 세 가지 기본 원칙이 있습니다."

그는 풀장 옆 벽에 붙어 있는 원칙을 가리켰다.

> 1. 성공할 수 있는 환경을 조성하라.
> 2. 실패하거나 잘하지 못해도 이를 무시하고 관심을 전환하라.
> 3. 성공을 보상하라.

클린트가 첫 번째 원칙을 가리키며 말했다.

"캐건이 우리가 바라는 일을 하도록 만들기 위해 해야 할 일은 녀석이 좋아하는 것과 싫어하는 것, 가장 활발하게 움직이는 시간대, 가장 좋아하는 조련사가 누구인지 등을 파악하는 겁니다. 이러한 준비 단계에는 원치 않는 행동을 강화하지 않는 것도 포함되지요."

그는 두 번째 원칙과 세 번째 원칙을 연이어 설명했다.

"실패는 나쁜 것이 아닙니다. 고래가 당신이 원치 않는 행동을 했을 때는 거기에 최소한의 관심만을 보임으로써 그 행동을 강화하지 말아야 합니다. 반면 고래가 당신이 원하는 행동을 하는 순간을 포착하면 그 즉시 호들갑을 떨며 강력하게 강화해주어야 하죠.

세 번째 원칙을 살펴봅시다. 성공이란 단순히 결승점에 이르는 게 아닙니다. 성공이란 서서히, 조금씩 목표에 근접하는 과정이지요. 그러므로 그때마다 신중한 관찰과 보상이 필요합니다. 이러한 보상은 다양한 방식으로 이루어지는데, 고래가 목표를 향해 아주 조금이라도 진전을 보인다면 거기에 대해 긍정적이고 좋은 기분을 느끼게 해주어야 합니다. 함께 놀며 먹이를 주거나 장난감을 주거나 몸통을 긁어주고 쓰다듬어주는 거죠. 그리고 이를 통해 고래가 올바른 행동과 이 기분 좋은 느낌들을 연관시킬 수 있게 해주는 겁니다."

그날 저녁 에이미는 매트에게 한시라도 빨리 오늘 씨월드에서 배운 내용을 말해주고 싶어 좀이 쑤실 정도였다. 그녀는 이 새로운 지식을 조쉬의 취침 습관을 고치는 데 활용해보자고 제안할 생각이었다.

"오늘 수석조련사인 클린트 조던이 고래 훈련에 관한 몇 가지 기본 원칙을 설명해줬어."

에이미가 말했다.

"클린트는 그걸 고래 반응이라고 불러."

에이미는 매트에게 세 가지 기본 원칙인 성공을 위한 환경 조성하기, 실패를 무시하고 관심 전환하기, 그리고 성공 보상하기에 대해 설명했다.

"그래서 우리가 실천할 수 있는 첫 번째 원칙에 대해 생각해봤어. 조쉬를 밤에 재우기 위해서 '조성할 수 있는 환경' 말이야."

에이미가 말을 이었다.

"먼저 조쉬의 낮잠 시간을 줄이는 거야. 그러면 밤에 피곤해서 졸리지 않을까? 유아원 선생님한테 낮잠 시간에 조쉬한테 조금만 더 신경을 써달라고 이야기해보려구. 이유를 설명하면 선생님도 우리를 도와줄 거야."

매트가 고개를 끄덕였다.

"좋은 생각인데."

"그리고 밤이 되면 집안을 조용하게 하는 것도 좋겠어. 텔레비전 소리도 줄이고, 사방을 뛰어다니거나 벌집을 쑤셔놓듯 요란스럽게 노는 것도 안 돼. 당신이랑 조쉬가 저녁 시간마다 그러잖아."

매트가 얼굴을 찡그렸다.

"하지만 자기가 무조건 이기는 레슬링 시합을 없애버린다면 우리 헐크가 별로 좋아하지 않을 텐데."

"그러니까 당신이 싫다는 거지?"

에이미가 책망하듯 말하자. 매트가 씨익 웃으며 대답했다.

"하지만 다른 쪽으로 생각해보면, 헐크랑 내가 레슬링 시합을 밤 늦은 시간이 아니라 이른 저녁에 미리 해치운다면 조쉬가 밤에 더욱 피곤해할 수도 있겠는걸. 당신이 말한 대로 늦은 밤에는 집안도 조용해질 거고. 조쉬한테는 잔잔한 동화책을 읽어주면 되겠지."

에이미가 그거면 된다는 듯 고개를 끄덕였다.

"응, 첫 번째는 그걸로 된 것 같아. 이번엔 두 번째 원칙을 생각해 보자. 잘하지 못해도 무시하라. 솔직히 이건 내가 직장에서 배운 것 중에서 제일 놀라운 거였어. 범고래들이 뭔가 잘못하거나 실수를 할 때마다 조련사들이 얼마나 참을성 있게 대하는지 보면 정말 감탄스럽다니까. 그런데 이걸 조쉬한테 어떻게 적용하지?"

매트는 잠시 생각에 잠겼다.

"제대로 못해도 무시하라는 게 나한테는 제일 큰 변화가 될 것 같군. 당신 말대로라면 조쉬가 잠을 자지 않고 투정을 부리는 게 내가 관심을 너무 주고 있기 때문이라는 거잖아. 하지만 아까 당신이 말한 것처럼 애가 정말로 피곤하면 어차피 잠이 들 테니까 처음부터 조쉬가 울며불며 떼를 쓴다고 해도 부리나케 달려가서 달래지 않아도 될 것 같아. 아무리 침대에서 우리를 불러대도 꾹 참아야 한다는 거지?"

"조쉬한테 야단을 쳐서도 안 되고."

에이미가 덧붙였다.

"그래, 알았어. 조쉬가 잠을 안 자도 무시할 것. 그리고 세 번째는 '성공을 보상한다'로군. 이건 어떤 식으로 하면 되지? 애가 짜증을 부리지 않고 순순히 잠들면 다음날 아침에 축하를 해주거나 선물이라도 주는 건가?"

"응, 바로 그거야."

에이미가 말했다.

"특히 계획 초반에는 그게 가장 중요해. 조쉬가 조금이라도 나아지는 기미가 보이면 절대로 그 기회를 놓치면 안 돼. 이게 바로 세 가지 원칙 중에서도 제일 강력한 전략이거든. 앞에 두 가지는 조쉬가 올바르게 행동할 수 있게 준비를 하는 단계일 뿐이야. 그러니까 우린 세 번째 단계인 성공을 보상하기 위해 조쉬를 안아주거나 말로 칭찬해주거나 아니면 걔가 좋아하는 다른 일들을 해주면 돼. 조쉬가 떼를 쓰지 않고 얌전히 자러 갈 때마다 될 수 있는 한 어떻게든 그 애의 기분을 좋게 해주는 거야."

매트가 어깨를 으쓱했다.

"확실히 말이 되는군."

에이미의 눈이 반짝였다.

"오늘 클린트가 이런 이야기를 했어. 성공은 단순히 결승점에 이르는 것이 아니라 거기에 조금씩 접근해가는 일련의 과정이래. 그래서 결승점에 한 발짝씩 가까이 다가갈 때마다 그 노력을 인정하고 보상해주어야 한대. 중요한 것은 범고래들이 자기가 한 일에 대해 기분 좋게 느끼거나 뿌듯해 해야 한다는 거야. 그게 목표에 아주 조금 가까워진 것에 불과하더라도 말이야. 그러니까 처음부터 완벽하게 해낼 필요는 없어. 옛날보다 약간만 더 잘하면 상을 줄 수 있으니까."

"그러니까 조쉬가 난리를 피우지 않고 혼자 잠을 자러 가도 다음 날 아침까지 기다렸다가 상을 줄 필요가 없다는 거지?"

매트가 끼어들었다.

"침대에 눕혔는데 울지 않고 조용히 있으면 이렇게 말하면 되는 거지? '우리 조쉬가 혼자서도 용감하게 잘 잘 수 있다니, 아빠 네가 정말 자랑스럽구나! 우리 조쉬가 엄마아빠한테 매우 큰 힘이 되어 주었어!'"

에이미가 웃음을 터트렸다.

"이해력이 정말 좋으신데요, 행동과학 박사님."

"좋아, 해볼 만하겠어."

매트가 말했다.

"어차피 이제까지 뭘 해봐도 아무 소용이 없었으니까 밑져봐야 본전이잖아."

그날 밤 에이미와 매트는 새로운 계획을 단계별로 실행에 옮겼다. 잠자리에 들 시간이 되자 조쉬는 평소처럼 반항을 하기 시작했다. 다행히도 조쉬의 울음소리는 어제보다 훨씬 작았다. 부부는 조쉬를 가만히 침대에 내려놓고 방문 밖으로 나왔다. 부부는 문 뒤에서 조심스럽게 조쉬의 상태를 지켜보며 작은 목소리로 대화를 나눴다.

"오늘 오후에 유아원에 조쉬를 데리러 갔는데, 애가 무척 졸려 보였어. 그런데 집에 와서 하루 종일 같이 게임을 했어. 지금 최대한 버티고 있긴 하지만 사실은 아주 많이 피곤할 거야.

씨월드에서는 말이야, 언제나 의사소통이 제일 중요하다고 끊임없이 강조해. 그래서 오늘 아침에 미리 조쉬한테 밤에 잠을 자는 것에 대해 말해줬어. 일부러 조쉬가 기분 좋게 놀고 있을 때를 골라서 차분하게 말이야. '오늘 밤에는 잠 자는 게 재미있을 거야.' 그리고 아까 침대에 눕혔을 때는 옆에 놓여 있는 인형들을 보고 이렇게 말해줬지. '이것 보렴. 푸들이랑 랠프도 너랑 같이 자는 게 좋은가봐.'"

매트가 고개를 끄덕였다.

"우린 계획대로 해냈어. 늦게까지 한숨도 재우지 않았고, 잠잘 시간 전에 시끄럽고 뛰어다니는 놀이도 하지 않고 조용히 있었으니까 말이야."

매트가 싱긋 웃었다.

"그런 다음에 조쉬가 좋아하는 동화책도 읽어줬지. 애가 내 품에 막 파고드는데 기분이 정말 좋더라."

"그런 친밀함을 나눌 수 있는 시간이 제일 중요한 것 같아."

에이미가 차분한 얼굴로 말을 이었다.

"조쉬를 침대에 눕힌 다음에 인형 친구들을 일부러 조쉬 옆에 가까이 놔줬어. 범고래랑 같이 일하면서 내가 배운 것 중 하나는 날마다 정해진 일과를 따르는 게 좋다는 거야. 하지만 그렇다고 융통성이 너무 없어도 안 돼. 정해진 취침 시간을 지키는 건 좋지만 날마다 똑같은 과정을 되풀이하는 건 금물이야. 그러면 거기에 익숙해져서 기대를 하게 될 테니까 말이야."

"응, 무슨 소린지 알 것 같아."

매트가 말했다.

"자기 전에 책 읽어주는 시간을 꼭 15분으로 정해둘 필요는 없지. 그리고 가끔은 책을 읽어주는 대신에 다른 일을 할 수도 있고."

"바로 그거야."

에이미가 말했다.

침실에서 들려오던 조쉬의 울음소리가 졸음기 섞인 투정으로, 그 칭얼거림이 서서히 희미하게 잦아들기 시작했다.

매트가 한숨을 내쉬었다.

"와, 애를 조용히 재우는 데 이렇게 쉽게 성공한 건 정말 처음이야. 그 동안 우리가 치른 전투들을 생각해봐! 심지어 난 조쉬를 재울 때가 되면 도망가고 싶을 정도였다고. 그런데 새로운 계획을 시작한 지 하룻밤 만에 벌써 주도권이 어느 정도 우리한테 넘어온 것 같으니 말이야."

"제일 중요한 세 번째 원칙을 잊으면 안 돼."

에이미가 말했다.

"조쉬가 밤에 잠을 자러 갈 때 조금이라도 얌전하게 굴거나 말을 잘 들으면 관심을 가져주고 보상을 해주는 것 말이야."

매트가 웃으며 말했다.

"아무리 그래도 애가 잠들자마자 들어가서 흔들어 깨워서 '잘했다, 애야'라고 하지는 않을 거야."

에이미가 웃음을 터트렸다.

"당연하지. 내 말은 지금부터 애가 조금이라도 칭찬을 받을 만한 일을 하는지 언제나 두 눈을 크게 뜨고 지켜보자는 거지. 그리고 조쉬가 정말로 우리말을 잘 듣고 순순히 자러 간다면 다음날 아침에 제일 먼저 말해주는 거야. '우리 아들 참 장하기도 하지!'"

"당신이 직장에서 배우는 게 왜 효과가 있는지 알 것 같아."

매트가 생각에 잠겨 말했다.

"그런데 왜 대부분의 부모들은 완전히 '반대로' 하는 거지? 잘못한 일에만 신경을 쓰고 막상 잘한 일은 무시하잖아. 그런 식으로 자기 자신도 모르는 사이에 아이들이나 직원들, 심지어 다른 사람들까지 잘못된 행동을 하게 부추기고 있는 게 아닐까?"

그날 이후 밤이면 밤마다 에이미와 매트는 조쉬의 잘못된 취침 습관을 고치는 데 도움이 될 만한 계획들을 세워 실천에 옮겼다. 그러자 서서히 조쉬의 행동에 변화가 나타나기 시작했고, 그럴 때마다 부부는 조심스럽고 신중하게 아들의 발전을 칭찬했다. 2주일이 지나자 조쉬는 이제 자러 갈 시간이라는 말을 들어도 전처럼 까탈을 부리거나 떼를 쓰지 않게 되었다. 조쉬는 잠자리에 들기 전에는 늘 엄마아빠와 함께 시간을 보낸다는 사실을 깨달았고, 가족들의 관심을 독차지한다는 것을 즐겼다.

조쉬의 잠자리 습관을 훈련시키는 동안 에이미는 조쉬의 유아원 선생님에게 낮잠 시간에 조쉬에게 낮잠을 재우지 않고 따로 조용한 놀이나 다른 활동을 할 수 있게 해달라고 부탁했다. 모든 일이 계획대로 진행되고 있었다. 단 한 가지만 제외한다면 말이다.

조쉬는 아직 어려서 그런지 언제나 엄마아빠가 함께 자기를 재워줘야 하는 것으로 믿고 있었다. 하루는 에이미가 밤늦게까지 회의를 하는 바람에 매트가 혼자서 아이를 재워야 했다. 조쉬가 좋아하는 동화책을 읽어줄 때까지만 해도 모든 일이 순조로웠다. 그런데 매트가 조쉬에게 이제 자러 갈 시간이라고 말하자 다시금 반항과 앙탈이 시작되었다. 에이미가 직장에서 돌아왔을 때 매트는 완전히 지쳐 나가떨어져 있었고, 조쉬의 방에서는 통곡소리가 흘러나오고 있었다.

"도저히 못 참고 애를 달래러 갈까봐 말 그대로 내 몸을 소파에 묶어야 했어."

매트가 울 듯한 얼굴로 말했다.

그 후 며칠 동안 매트와 에이미는 밤마다 함께 아들을 재웠다. 어느 정도 시간이 흐르자 두 사람은 번갈아서 그 역할을 맡았다. 얼마 지나지 않아 누가 조쉬를 마지막으로 침대에 눕히는지는 별로 중요하지 않게 되었다.

마침내 잠자러 가는 것이 '재미있는' 시간이 되었을 때, 에이미는 조쉬에게 이렇게 말할 수 있게 되었다.

"자러 가기 전에 네 장난감들을 치워줄 수 있겠니?"

조쉬가 아장아장 걸어 다니며 바닥에 놓인 장난감들을 주워 제자리에 놓는 모습을 보고 에이미는 크게 감격했다. 에이미는 조쉬가 장난감을 하나 집어들 때마다 커다랗게 웃음을 터트리고 박수를 치며 격려해주었다.

조쉬가 장난감 정리를 끝내자 에이미가 꼭 안으며 말했다.

"일을 하니까 많이 힘들지? 이제 잘 시간이야."

이렇게 많은 칭찬과 보상을 받게 되자 얼마 후 장난감을 치우는 일은 조쉬가 잠자리에 들기 전에 하는 일종의 의식이 되었다.

어느 날 밤, 에이미와 매트는 조쉬를 키우면서 다시 찾은 부모의 권위에 대해 이야기를 나누고 있었다.

"만약에 우리가 지금과 정반대로 했더라면 우리는 아직도 조쉬를 재우는 게 힘들었을 거야."

"당신 말이 맞아."

매트의 말에 에이미가 고개를 끄덕이며 동의했다.

"부모란 어차피 시행착오를 거칠 수밖에 없어. 지금 어디를 향해 가고 있는지 정확하게 알고 있다면 잠시 옆으로 돌아가도 괜찮아."

"그런데 아무리 고래 반응 방식을 사용해도 말이야……."

매트가 근심스러운 표정으로 말했다.

"생각보다 시간이 오래 걸리는 거 같아."

그는 한숨을 푹 내쉬었다.

"당신 생각에는 우리가, 음, 그러니까 다른 부모들보다 '못한' 것 같아? 우리 애가, 음…… 이런 기본적인 것에서 다른 애들보다 늦은 것은 아니지? '정상'이 맞는 거지?"

그러더니 매트는 재빨리 덧붙였다.

"이런 걸 다 걱정하다니 좀 바보 같다, 그렇지?"

에이미는 미소를 지으며 남편의 팔을 가볍게 토닥였다.

"하나도 바보 같지 않아. 사실 나도 우리 수석조련사님한테 똑같은 질문을 했거든. 그분이 이렇게 말하더라고. '걱정할 필요도, 비교할 필요도 없어요. 조쉬에게 정상인 게 정상입니다.'"

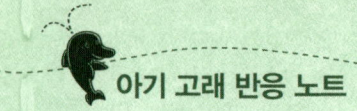

# 올바른 잠자리 습관을 기르는 법

**성공을 위한 환경 조성하기**

아이를 재울 때 일련의 정해진 절차를 따르는 것은 하루 종일 뛰어다니며 흥분해 있는 아이를 차분하게 안정시키는 데 효과적이다. 이 같은 절차는 능동적인 것에서 수동적인 것으로, 시끄러운 것에서 조용한 것으로 서서히 진행되어야 한다. 따뜻한 물로 목욕을 시키고 조용하고 감미로운 음악이나 좋아하는 자장가를 틀어주며, 한밤중에 목이 말라 일어나지 않도록 물 한 잔을 주는 것도 좋다. 무엇보다 중요한 것은 잠을 자러 가는 것이 재미있는 일이라는 점을 각인시켜 주는 것이다. 언제나 동일한 활동을 하되 시간이나 빈도를 다양하게 조절하고, 자녀의 기호에 맞춰 좋아하는 것을 해준다. 만일 아이가 낮잠을 잔다면 낮잠 시간을 이른 시간대로 조정한다.

### 실패를 무시하고 새로운 방향으로 관심 전환하기

새로운 방향으로 관심을 전환하여 아이의 부정적 반응에 관심을 두지 않도록 한다. 자녀를 칭찬할 수 있는 다른 일에 초점을 맞춘다. 관심을 전환할 때는 바드시 아이가 좋아하고 쉽게 할 수 있는, 발달 단계상 적합한 일을 선택해야 한다. 예를 들어, 따뜻한 물로 목욕을 시키는 것은 아이를 재우기 전에 할 수 있는 매우 적절한 활동이다. 아이가 목욕을 꺼려한다면 제일 먼저 손을 물에 담그고 그 다음에는 발을, 그리하여 온몸이 물속에 잠길 때까지 천천히 진행해보라. 이를 통해 목욕에 대한 부정적인 바능을 차츰 줄여나갈 수 있다. 그래서 목욕이 재미있는 일이라는 사실을 깨닫게 해준다. 만일 아이가 계속해서 목욕하기를 거부한다면 젖은 수건으로 몸을 닦아준 다음, 아이가 좋아하는 장난감을 욕조 안에서 씻으면서 장난감이 목욕을 해서 온몸이 깨끗해지니 좋아하는 것 같다고 말한다. 아이에게 장난감을 목욕시키는 것을 도와달라고 부탁하고, 만약 도와준다면 도와줘서 고맙다고 칭찬하라. 또 다른 예로, 아이에게 침실의 불을 어둡게 해달라고 부탁해보라. 만일 아이가 당신의 부탁을 거절한다면 곰돌이 인형에게 불빛이 어두워졌다 밝아졌다 하는 것이 얼마나 재미있는지 보여줘라. ("이거 보렴! 정말 재미있지 않니?")

### 칭찬은 아기 고래도 춤추게 한다!

당신의 아이가 관심을 가지거나 흥미를 보이거나 또는 당신과 함께 특정 활동에 참여할 때마다 보상을 해주어라. 예를 들어 아이가 장난감 목욕시키는 것을 도와주면 칭찬을 해주거나 껴안아준다. 잠자리에 들기 전에 무엇을 해야 할지 새로운 아이디어를 내거나 협조적으로 행동한다면 그때마다 각각의 행동을 다양한 방법으로 강화한다. 아이의 취침과 기상을 체크하는 특별한 차트를 만들어 성공을 거둔 날을 표시하고 축하해주는 것도 좋은 방법이다. 아이가 밤새 깨지 않고 잘 잤을 때도 커다란 상을 준다.

# 칭찬도 전략적으로!

### 아이의 긍정적 행동을 이끌어내는 ABC 법칙

3장

...

우리 씨월드에서는 사람들이나 동물들이
'잘못한' 일에는 관심을 두지 않습니다.
그러나 '잘한' 일에 대해서는
아주 '많은' 관심과 주의를 기울이지요.
만약 여러분이 가족과 친구들, 주변 사람들에게
그들이 잘한 일에 관심을 기울이고
긍정적인 말을 해준다면
그들은 아주 기쁘고 행복해 할 겁니다.
그리고 여러분 자신의 삶도 더욱 행복해지겠죠.
왜냐하면 그 사람들이 당신에게도 똑같이 해줄 테니까요.

조쉬를 편안하게 재울 수 있게 되자, 에이미는 수석조련사인 클린트가 이번에는 무엇을 가르쳐줄지 고대하며 잔뜩 부푼 마음으로 일터를 찾기 시작했다. 오전 시간에 그녀는 선배 조련사인 조디로부터 고래의 식사에 관한 아주 중요한 내용을 배웠다.

양동이에 들어 있는 생선을 범고래에게 나눠주면서 에이미가 물었다.

"풀장 온도는 바다와 거의 비슷하겠죠?"

조디가 미소를 지으며 대답했다.

"11도예요. 잠수복을 입었다고 해도 안에 들어가면 금방 느낄 수 있죠!"

드디어 점심시간이 되었다. 에이미는 동료 훈련생들과 함께 앉아

배달시킨 점심을 즐겁게 먹고 있었다. 그때 클린트가 다가왔다.

"우리 씨월드에서 미친 듯이 좋아하는 게 하나 있다면 그건 바로 '피드백'입니다."

클린트가 말했다.

"대부분의 사람들은 자진해서 피드백을 하려 하지 않아요. 생각해보십시오. 누가 당신에게 와서 이런 말을 한 적이 있나요? '저기요, 지난번에 당신이 어떤 일을 이런저런 식으로 하는 걸 봤는데요, 혹시 '이런' 식으로 해보는 건 어떨까요?' 대부분의 직장에서 사람들은 일을 잘해냈을 때 아무런 반응도 얻지 못합니다. 자신의 업무나 성과에 대해 무슨 말을 들을 수 있는 때라고는 연말이나 연중에 보고나 평가를 할 때뿐이죠. 가끔 피드백을 받아봤자 이른바 우리가 말하는 '뒤통수치기' 반응뿐입니다. 사람들이 잘못한 것을 잡아내는 것 말입니다.

하지만 여기서는 완전히 반대랍니다. 우리는 언제나 피드백을 주고받아요. 사람들과 동물들, 사람들과 사람들 모두가 말입니다. 그리고 그 피드백은 전부 건설적이고 생산적이어야 합니다. 여기서 여러분은 잘못한 일이 아니라 '잘한' 일들에 대해 피드백을 받게 될 겁니다. 여러분이 뛰어나고 능숙한 조련사가 되도록 돕기 위해서지요. 그리고 혹시 실수나 잘못을 저지르더라도 그에 대한 피드백은 단순히 여러분의 행동을 올바른 방향으로 '전환'시키기 위한 것에 불과할 겁니다."

그 말과 함께 클린트는 훈련생들에게 뒤에 앉아 있는 사람들을 소개했다.

"이쪽은 제러드, 여기는 킴 리, 이 사람은 브렌다입니다. 모두 경험이 풍부한 조련사들이고, 앞으로 여러분의 개인 코치가 되어줄 겁니다. 이들은 여러분과 함께 일하고, 여러분이 얼마나 발전하는지 지켜보면서 모든 일을 올바르게 배울 수 있도록 도와줄 겁니다. 또 어느 정도 시간이 지나고 나면 다양한 경험과 관점을 접할 수 있도록 각자의 파트너를 바꿀 거고요."

에이미는 검은 잠수복을 입은 채 환한 미소를 띠고 있는 조련사들을 바라보았다. 하나같이 유능하고 진정한 프로처럼 보여서 누가 자신의 코치가 되더라도 좋을 것 같았다. 그 중 몇 명은 에이미가 관람객들과 함께 관람석에 앉아 있을 때 범고래 쇼에서 자주 본 사람들로, 지난 시간 동안 그녀의 우상이었다.

미래의 코치들이 각자 자신이 담당하는 훈련생들을 데리고 흩어졌다. 킴 리가 에이미에게 안심하라는 듯 미소를 지어 보였다. 제러드는 스티브의, 브렌다는 로레인의 코치였다. 서로를 찾은 스승과 제자들은 각자 풀장 주변으로 걸어갔고 코치들은 자신이 맡은 학생들과 이야기를 나누었다.

　킴 리와 에이미는 멀리 떨어져 있는 풀장으로 향했다. 킴 리가 수신호를 보내자 거대한 범고래 한 마리가 곧장 두 사람 쪽으로 헤엄쳐 다가왔다. 에이미는 범고래의 즉각적인 반응에 깊은 감명을 받았다.

　"내 친구 투탄이에요."

　킴 리가 무릎을 꿇고 범고래의 머리를 쓰다듬으며 마치 친자식이라도 되는 양 부드럽게 말을 걸었다. 그녀는 분명 투탄을 마음속 깊이 사랑하고 있었다.

　"에이미에게 인사하렴, 투탄."

　킴 리가 말하자 투탄이 그 커다란 머리를 들더니 마치 인사를 하듯이 에이미에게 까닥거렸다.

　두 사람이 풀장 주위를 거니는 동안 에이미가 물었다.

　"방금 투탄한테 제게 고개를 끄덕이라고 손으로 신호를 보내는 걸 봤어요. 그걸 보자마자 투탄은 완벽하게 반응했고요. 고래들한테 그런 재주를 가르치는 데 보통 얼마나 시간이 걸리나요?"

　킴 리가 얼굴 가득 미소를 띠며 그녀에게 말했다.

　"와, 그걸 알아차리다니 대단하네요. 여기서 고래들과 함께 일하려면 그런 예리한 관찰력이 필요하죠. 다만 한 가지 지적하고 싶은

부분이 있어요. 에이미가 방금 재주를 가르친다고 했잖아요. 사람들은 범고래가 그런 행동을 할 때마다 재주를 부린다고 말하죠. 하지만 이것만은 확실히 해두고 싶네요. 우리는 고래에게 재주를 가르치지 않아요. 우리가 보상해줄 수 있는 특정한 행동을 찾아내는 것뿐이죠."

에이미는 문득 대학 시절 심리학 수업에서 들었던 내용들이 생각났다. 킴 리의 간단한 말은 수업에서 자주 들어봤기 때문에 친숙했지만, 사실 그 내용은 대단히 심오한 개념과 사고방식을 포함하고 있었다. 그리고 그런 내용의 수업을 들을 때마다 그녀는 현실에서 그것이 과연 쓸모가 있을지 의문을 품었다. 하지만 이곳 씨월드에서는 그녀가 수업에서 배운 내용들을 체계적으로 사용하고 있었다.

킴 리가 말했다.

"저렇게 고개를 흔들도록 하는 데도 상당한 훈련 시간이 필요했습니다. 하지만 실제로 대부분의 시간은 상호 간의 신뢰를 쌓는 데 쓰이죠. 훈련 시간 동안 실수나 실패는 무시되지만 목표를 향해 한 발짝씩 가까워지면 그때마다 보상과 강화가 이루어집니다. 다시 말하지만 이런 훈련 방식은 과학적 이론에 기반을 두고 있어요."

킴 리는 잠시 말을 멈췄다가 다시 이었다.

"장기적으로 볼 때, 이 일에는 두 가지 자질이 필요해요. 바로 '끈기'와 '인내심'이죠. 참고 참고 또 참아야 해요. 무작정 밀어붙이거나 조금이라도 짜증을 내거나 감정적이 되어서도 안 되고요. 인내심이 바닥날 때쯤에는 끈기를 발휘해야 하죠."

그날 오후 이론 수업 시간에 클린트 조던이 새로운 개념을 소개했다. 그는 화이트보드에 이렇게 적었다.

> A = Activator(활력소)
> B = Behavior(행동)
> C = Consequence(결과 반응)

클린트가 설명을 시작했다.

"이것은 우리가 동물의 행동을 이끌어낼 때 사용하는 법칙입니다. A는 활력소를 의미하는데, 이는 고래로 하여금 우리가 원하는 행동을 하도록 이끌기 위해 우리가 해야 하는 일입니다. B는 우리가 고래에게 원하는 행동을 뜻하며, C는 이후에 발생하는 결과 반응을 의미합니다. 자, 그렇다면 이 세 가지 단계 중에서 가장 중요한 것은 무엇일까요?"

스티브가 대답했다.

"A 아닌가요? 먼저 고래가 성공할 수 있는 조건들을 준비한 다음 손으로 신호를 보내야 하니까요."

"좋은 대답이에요."

클린트가 말했다.

"그건 정말 중요하죠. 그렇지만 가장 중요한 단계는 아닙니다."

"그렇다면 행동인 B겠네요."

로레인이 자신 있게 말했다.

"어쨌든 그게 바로 우리가 원하는 일이니까요."

"맞는 말입니다. 하지만 그것도 가장 중요한 단계는 아니에요."

클린트가 말했다.

마치 이번에는 에이미의 차례라는 양 모두의 시선이 그녀에게 모아졌다.

"어, 그렇다면 결과 반응을 의미하는 C인가요?"

에이미가 머뭇거리며 소심하게 말했다.

"와, 그걸 어떻게 알았죠?"

클린트가 진지한 표정으로 대꾸하자 모두가 웃음을 터트렸다.

"그 이유가 뭘까요? 특정 행동을 하도록 만들기 위해 훈련에 그토록 많은 시간을 들이는데 어째서 정작 중요한 것은 '그 뒤에 일어나는 일'일까요?"

"왜냐하면 동물이 그 행동과 자신을 연관시키는 것은 그 뒤에 일어나는 보상이니까요."

에이미가 대답했다.

"보상은 행동에 대한 동기가 되죠. 긍정적인 결과 반응은 행동을 야기하고 또 유지시켜요."

"바로 그겁니다."

클린트가 말했다.

"평범한 직장 생활을 생각해보세요. 거기선 이런 일이 거의 일어나지 않습니다. 사람들이 해야 할 일을 했을 때는 아무도 그걸 알아주지 않아요. 오직 일을 망쳤을 때만 구설수에 오르게 됩니다. 주어진 일을 잘해야 한다는 압박을 받는데 피드백은 전혀 없는 거예요. 안 그런가요?"

여기저기서 사람들이 고개를 끄덕였고, 몇 가지 예시가 제시되었다. 에이미는 이제까지 자신이 거쳤던 몇몇 직장들을 떠올렸다. 확실히 클린트의 말 그대로였다.

"사람들이 자기한테 주어진 일 말고 그보다 더 많은 일을 하지 않으려는 것도 당연하군요."

스티브가 말했다.

"아무도 상관하지 않으니까요."

"그래서 우리 씨월드에서는 사람들이나 동물들이 '잘못한' 일에는 관심을 두지 않습니다. 그러나 '잘한' 일에 대해서는 아주 '많은' 관심과 주의를 기울이지요. 만약 여러분이 가족과 친구들, 주변 사람들의 잘한 일에 관심을 기울이고 긍정적인 말을 해준다면 그들은 아주 기쁘고 행복해 할 겁니다. 그리고 여러분 자신의 삶도 더욱 행복해지겠죠. 왜냐하면 그 사람들이 당신에게도 똑같이 해줄 테니까요."

오전 내내 ABC 법칙에 을 어디에 적용할 수 있을까 고민하던 에이미는 문득 자신이 동료 훈련생인 로레인을 떠올리고 있다는 사실을 깨달았다. 처음 만났을 때부터 에이미는 로레인이 자신을 좋아하지 않는다는 느낌을 받았다. 하지만 도무지 그 이유를 알 수가 없었다.

'항상 그렇게 심술궂은 표정을 짓고 있으니까 아마 아무하고도 친하게 못 지낼 거야.'

에이미는 속으로 생각했다.

부정적인 면을 무시하고 긍정적인 면을 강조해야 한다는 클린트의 말을 들으면서, 에이미는 로레인에 대한 자신의 평가를 되돌아보았다.

'어쩌면 앞으로 여기서 아주 오랫동안 로레인과 함께 일하게 될

지도 몰라. 그렇다면 오늘 배운 내용을 로레인에게 시도해봐도 나쁠 건 없을 거야. 이제부터는 로레인한테 잘 해줘야지. 만약에 로레인이 나한테 하는 것처럼 다른 사람들한테도 냉랭하게 군다면 그런 식의 반응을 받아본 적이 거의 없을 테니까.'

에이미는 로레인이 잘하는 일을 관찰하고 긍정적인 관심을 기울이기로 결심했다.

기회는 점심시간에 찾아왔다. 보통 때 로레인은 에이미와 테이블 맞은편에 앉는 것을 꺼려했지만 마침 오늘은 남은 자리가 없었다. 여느 때처럼 샌드위치와 음료수를 앞에 두고 활발한 대화가 오고 간 뒤 사람들은 하나둘씩 자리를 떴지만 로레인은 주문한 점심이 늦게 도착한 까닭에 마지막까지 자리에 남아 식사를 했다. 그런데 그녀는 의도적으로 맞은편에 앉은 에이미와 시선이 마주치는 것을 피하고 있었다.

"있잖아. 전부터 너한테 말하고 싶은 게 있었는데."

에이미가 말을 걸었다.

"가끔 네가 강의 때 하는 질문이나 이야기 덕분에 무척 많은 도움을 받았어."

로레인이 미심쩍다는 듯 고개를 들었다.

"정말?"

그녀는 얼굴을 찌푸리며 물었다.

"응. 오늘도 네가 고래에게 먹이로 주는 생선의 영양 성분에 대해 질문을 해서 칼로리에 대한 토론이 시작됐잖아. 그 다음엔 해양의 환경변화에 대해 지적했고. 넌 정말 대단해. 사실 나도 먹을 걸 살 때마다 포장지에 적힌 성분표를 일일이 다 읽어보는 사람인데, 그게 고래한테도 해당된다는 생각은 한번도 안 해봤거든."

로레인이 시선을 돌리며 대꾸했다.

"그렇구나."

"그런데 그런 걸 대체 어디서 배웠어?"

에이미는 대화를 계속 이어나갔다. 그녀는 로레인의 태도를 바꾸고야 말겠다고 단단히 결심했을 뿐만 아니라 실제로 이 동료 훈련생에게 흥미를 느끼고 있었다.

"대학에서 화학을 전공했어. 그 뒤엔 병원의 식품연구소에서 몇 년간 일했고."

"그럼 어쩌다가 이 길로 들어선 거야?"

로레인은 한숨을 내쉬었다. 어떻게 하든 에이미가 포기하지 않을 거라는 사실을 알아차린 것 같았다. 그녀는 이제 에이미를 똑바로 바라보며 자신의 과거에 관해 이야기해주었다.

로레인의 이야기를 들으며 주의 깊게 고개를 끄덕이고 미소 띤 얼굴로 질문을 던지는 사이, 에이미는 그녀가 조금씩 긴장을 풀기 시작하는 것을 느낄 수 있었다. 잠시 후 훈련 실습 시간을 알리는 종소리가 울렸다. 두 사람은 테이블에서 일어나 함께 걸어가기 시작했다. 로레인이 무뚝뚝하게 말했다.

"가끔은 너도 '네' 이야기를 해줘야지."

에이미는 생각했다.

'후, 정말 만만치가 않네. 어쩌면 로레인의 엄마는 딸의 말에 귀를 기울이지 않는 쌀쌀맞은 사람이었는지도 몰라. 하지만 생각보다 어렵지는 않았어, 그렇지? 그러니까 포기하지 않을 거야. 동물한테든 사람한테든 이 ABC 법칙이 통한다는 걸 입증할 수만 있다면 말이야.'

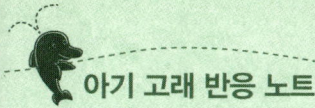 아기 고래 반응 노트

아이의 긍정적 행동을
이끌어내는 ABC 법칙

**성공을 위한 환경 조성하기**

고래 반응은 나이와 상관없이 모든 사람들에게 효과적이다. 우리는 다른 사람들의 관심과 인정, 지지를 받을 때 동기를 얻을 수 있기 때문이다. 《칭찬은 고래도 춤추게 한다》에서 볼 수 있듯이 긍정적인 반응은 주로 이성과 비감성적 사고 및 행동의 상호작용에 기반을 두고 있는 직장에서 특히 강력한 영향력을 발휘한다. 사람들은 흔히 다른 사람들과 잘 어울리지 못하거나 의사소통이 서툴다는 점을 생산성 및 의욕이 낮은 원인으로 지적한다. 긍정적인 고래 반응으로 사람들을 다루는 관리자들은 부하 직원들 사이에 신뢰와 협력 정신, 헌신적인 자세가 확립되도록 도울 수 있다. 직장 동료들의 올바른 행동을 알아보고 인정하는 태도는 팀 전체의 분위기를 긍정적으로 끌어올린다. 또한 실수에 관심을 기울이지 않고 잘한 일을 보상하는 것은 견실한 결혼 생활의 토대가 된다.

### 실패를 무시하고 새로운 방향으로 관심 전환하기

받아들이기 힘든 행동을 발견할 때마다 신경을 쓰거나 관심을 보이기보다는 무시하는 편이 관계를 강화하는 데 도움이 된다. 만일 이런 방식이 통하지 않는다면 그 원인이 자신에게 있다고 생각하라. 바람직하고 올바른 행동이 어떤 것인지 다시 생각해보라. 상대방에게 고래 반응을 보일 수 있는 것들을 찾아보라. 혹시 상대방이 화가 나 있다면 섣불리 대화를 하거나 이성적으로 설명하려 들지 말고 감정이 사그라들거나 마음이 진정될 때까지 기다려라. 시간이 지난 후 상대방이 침착하고 차분한 태도를 되찾았을 때 의견이나 해결책을 구하라. 다른 이들에게서 특정한 반응을 이끌어내거나 아이디어를 강조하고 싶을 때는 그 해결책의 어떤 점이 모두에게 이익이 되는지를 설명하도록 한다.

### 칭찬은 아기 고래도 춤추게 한다!

　자녀를 양육하거나 부하직원들을 교육하고 관리할 때 그들이 잘한 일에 대해 사람들이 가장 흔히 보이는 반응은 아무런 반응도 하지 않는 것이다. 아니면 "그저 할 일을 했을 뿐인데, 뭐" "월급 값을 해야지" 등과 같은 반응을 보이는 데 그치고 만다. 누군가의 실패나 실수를 알아차리기는 쉽다. 그러나 잘한 일을 알아차리거나 관심을 보이기는 어렵다. 잘한 일이나 올바른 행동에 관심을 보이는 고래반응은 서로 돈독한 신뢰를 쌓고 앞으로 더욱 잘하고자 하는 마음가짐을 불러일으키는 것 이상의 결과를 가져올 수 있다. 어쩌면 이는 요즘 같은 세상에 칭찬이나 격려를 받는 것이 너무나 드문 일이기 때문일지도 모른다. 그러나 사실 우리는 모두가 정말로 잘하고 싶고 관심에 목말라하고 있으며 최선을 다했음을 인정받음으로써 동기를 얻는다.

## 아이와 외출하기

### 떼쓰는 아이를 달래는 전환 전략

부모와 아이 양쪽 모두에게 있어 좋은 행동에 대해
의외의 칭찬이나 상을 주는 것만큼 좋은 보상은 없다.
예상치도 못했던 보상을 받는 기쁨은
그 자체로 훌륭한 강화가 된다.
중요한 것은 언제나 똑같은 보상을
이용해서는 안 된다는 점이다.
늘 똑같이 반복되는 보상은
결과적으로 강화물로서의 가치를 잃는다.
명심하라. 당신은 언제나 아이의 올바른 행동에만
초점을 맞춰야 한다. 즉 '잘한 일을 잡아내야' 하는 것이다.

"빌어먹을! 투탄, 제발 말 좀 들어!"

무더운 오후였다. 에이미는 무대로 이어지는 문으로 나가고 싶어 안달하는 어린 범고래를 말리는 데 애를 먹고 있었다. 고래들의 이름이 불리고, 한 마리씩 공연용 풀장으로 나갈 때마다 투탄은 그 뒤를 따라 문으로 돌진했다.

에이미는 사무실로 찾아가 자신의 코치인 킴 리에게 물었다.

"저기요, 혹시 제가 뭘 잘못한 건가요? 아니면 투탄이 배우는 게 좀 느린 건가요?"

"무슨 일인가요?"

킴 리가 다정한 목소리로 물었다.

에이미가 사정을 설명하자 킴 리는 미소를 지었다.

"투탄은 그저 다른 친구들이 모두 나가는 걸 보고 조금 흥분한 것뿐이에요. 저 밖에서 뭔가 재미있는 일이 벌어지고 있다는 걸 알거든요."

킴 리의 차분하고 이해심 넘치는 어조가 에이미의 상처 입은 자신감을 회복시켜주었다. 에이미는 자신이 투탄의 입장에서 생각해 보지 않았다는 사실을 깨달았다.

"그럼 전 어떻게 하면 될까요?"

에이미가 물었다.

"범고래가 이런 식으로 행동할 때는 어떤 법칙을 적용해야 하죠?"

킴 리가 에이미의 기억을 상기시키듯 되물었다. 에이미는 숨을 깊게 들이마시고는 생각에 잠겼다.

"원인을 살펴본다?"

에이미가 말했다.

"좋은 생각이에요. 이런 경우 고래가 문 밖으로 나가려는 이유는 문 뒤에 있는 풀장이 매우 강화적이기 때문이에요. 자신은 무대 뒤에 갇혀 있는데 다른 고래들은 좋은 것을 얻을 거라는 걸 알기 때문이죠. 그러니까 다음에 비슷한 일이 생겼을 때 투탄이 뒤쪽 풀장에 남아 있게 하려면 어떻게 해야 할까요?"

갑자기 에이미의 머릿속에 무언가 반짝 떠올랐다. 그녀가 말했다.

"문 뒤에 남아 있어도 공연장에 나가는 것만큼이나 보상을 받을 수 있다는 걸 알려줘야겠군요."

킴 리가 싱긋 웃더니 엄지손가락을 세워 보였다.

"맞아요, 좋은 행동에 대해 보상을 해주는 것이 비결이랍니다! 그 점을 항상 명심해야 해요. 그렇지 않으면 조그마한 기회의 문이 열리는 순간을 놓치기 쉽거든요."

전과 마찬가지로 에이미가 일터에서 배운 범고래 조련 비법을 집에서 활용할 수 있게 되기까지는 얼마 걸리지 않았다. 하루는 에이미의 여동생 샤론이 두 살짜리 딸 패티를 데리고 집에 놀러왔다. 방금까지만 해도 밝은 햇볕이 내리쬐는 마당에서 조용히 놀고 있던 패티와 조쉬가 갑자기 화를 내며 소리를 지르기 시작했다. 패티가 조쉬의 장난감 하나를 손에 쥐고 있었다. 조쉬는 그것을 빼앗으려 했지만 팔이 너무 짧아 닿지 않았다. 조쉬의 얼굴이 새빨갛게 달아오르더니 큰 소리로 악을 쓰기 시작했다.

"내 거야! 내 거야!"

"패티, 조쉬 장난감을 빼앗으면 안 돼!"

샤론이 소리쳤다.

"조쉬에게 돌려주렴. 조쉬 장난감이잖니."

패티가 조쉬에게 장난감을 내밀자 조쉬는 낚아채듯 그것을 움켜쥐었다.

그때 에이미가 끼어들었다. 에이미는 무릎을 꿇고 아들의 눈을 똑바로 들여다보며 말했다.

"조쉬, 네 장난감을 친구와 함께 가지고 놀아도 괜찮지 않겠니?"

조쉬는 장난감을 쳐다보았다. 그러고는 패티를 의심스러운 눈초리로 빤히 바라보았다. 그러더니 조쉬는 손에 든 장난감을 패티에게 넘겨주었다.

"어머나, 조쉬! 정말 착하구나!"

에이미는 탄성을 지르며 조쉬를 꼭 껴안아주었다. 그녀는 자리에서 일어나 아이의 눈높이에 맞춰 벽 아래쪽에 낮게 붙여놓은 차트 앞으로 조쉬를 데려갔다. 그리고 옆 선반에서 상자를 꺼내 그 안에 들어 있는 고래 칭찬 스티커 세트를 조쉬에게 보여주었다.

"자, 아들, 네 마음에 드는 걸 하나 고르렴."

에이미가 조쉬에게 말했다. 조쉬가 스티커를 하나 고르자 에이미는 조쉬가 직접 그것을 차트에 붙이게 해주었다.

"친구와 사이좋게 노는 착한 아이를 위한 거야."

에이미가 말했다.

잠시 후 아이들이 방금 다퉜던 일은 까맣게 잊은 채 점심을 먹는 동안 샤론이 물었다.

"언니, 아까 조쉬를 어떻게 달랜 거야?"

"무엇보다 중요한 건 미리 계획을 세우는 거지."

에이미가 웃음 띤 얼굴로 말했다.

"우린 조쉬가 고집을 부리고 떼를 쓸 때마다 차트를 이용하기 시작했어. 혹시 아까 눈치 챘는지 모르겠는데, 난 조쉬가 화를 가라앉힐 때까지 기다렸다가 그 다음에야 애의 관심을 차트로 돌렸지. 타이밍이 중요해. 그렇지 않으면 의도한 거랑 다르게 부정적인 행동에 보상을 할 수도 있거든."

"하지만 내 말은, 그러니까, 언니, 정말 애가 운 지 1초도 안 됐는데 금방 기분이 달라졌잖아."

"그래, 그걸 '전환'이라고 해. 고래한테 사용하는 방법이지. 기본 원리는 내가 원하지 않는 행동에는 아예 관심을 보이지 않는 거야. 대신 아이의 관심을 긍정적인 방향으로 돌리는 거지."

에이미는 아이들이 점심을 다 먹었는지 접시를 살펴보았다. 그러고는 턱받이를 벗기면서 말했다.

"어머, 너희들 참 깨끗하고 얌전하게 잘 먹었구나."

에이미는 동생에게 몸을 돌리고 말했다.

"그런 다음 애들이 잘한 일에 대해 언제나 칭찬을 해주는 거야."

다음 주 어느 날 저녁, 매트와 에이미는 동네 비디오 가게에서 쇼핑을 하던 중 조쉬와 비슷한 나이의 아이를 데리고 있는 한 부부를 보게 되었다. 세 가족은 계산대로 향하고 있었는데 그때 전략적으로 어린아이들의 관심을 끌도록 배열해놓은 사탕코너가 아이의 시선을 사로잡았다. 어린아이는 곧장 초콜릿 막대사탕을 향해 손을 뻗었다.

"안 돼."

아이의 아빠가 말했다.

"그냥 먹으라고 해요."

엄마가 말했다. 매트와 에이미는 '이거 꽤 재미있겠는걸'이라고 말하는 듯이 서로 눈짓을 주고받았다. 유리한 고지를 점령했다는 사실을 눈치 챈 어린 소년이 커다란 소리로 울부짖기 시작했다. 엄마가 서둘러 막대사탕을 집어 아이의 입에 물려주었다. 그러나 상황은 거기서 끝나지 않았다. 아이가 끈적거리는 사탕을 바닥에 떨어뜨리고 말았던 것이다. 아빠가 사탕을 바닥에서 주워 쓰레기통에 던져버리자, 소년이 온 가게가 떠나가라 악을 쓰며 울기 시작했다. 당황한 아빠는 새 사탕을 까서 아이에게 물려주었다. 결국 아이의 생떼가 승리를 거둔 것이다.

집으로 가는 길에 에이미가 말했다.

"방금 우리가 본 장면만큼 잘못된 강화를 잘 설명해주는 것도 없을 거야."

"엄마가 애한테 사탕을 물려준 순간 모든 게 끝난 거였어."

매트가 말했다.

"그 순간 애가 무슨 생각을 하는지 눈에 보이는 것 같더라니까. 꼭 '그래, 바로 이거야!'라고 말하는 것 같았어."

"그 말이 맞아."

에이미가 말했다.

"아이 엄마는 오히려 아이가 울도록 강화한 거야. 아이는 앞으로도 계속 그런 식으로 생각하겠지. 애들은 생각보다 똑똑해. 그 애는 이제 사람들 앞에서 울고불고 소리를 지르면 원하는 걸 얻게 된다는 걸 알게 됐어."

"그럼 방금 어떻게 해야 옳은 거지?"

매트의 물음에 에이미는 잠시 생각에 잠겼다.

"아이가 자기 손으로 직접 사탕을 집어들게 내버려둬야 했다고 생각해. 그랬더라면 엄마나 아빠가 사탕을 빼앗고 아이와 눈을 맞추며 조용하게 타이를 수 있었을 테니까. '이런 식으로 행동하면 아무엇도 얻을 수 없어. 하지만 엄마나 아빠한테 네가 갖고 싶은 걸 말한다면 엄마아빠가 사줄 수도 있단다.' 그러면 아이는 선택의 기회를 갖는 셈이고, 엄마아빠에게 갖고 싶은 걸 얌전히 부탁한다면 바르게 행동한 보상으로 사탕을 얻게 될지도 모르지. 하지만 반대로 투정을 부리면서 울기 시작한다면 부모는 애를 무시하고 자기 볼일만 보면 돼. 아무도 자기한테 관심을 가져주지 않으면 아이는 곧 울음을 그칠 거야. 그리고 아이가 울음을 그치면 엄마가 아이에게 말하는 거지. '이제 기분이 좀 나아졌지? 훌륭하다 얘야. 다 큰 아이처럼 혼자서 울음을 그치다니 말이야.'"

"무슨 이야기를 하고 싶은지 알겠어. 부모들은 자기가 아이의 어떤 행동에 대해 보상을 해주고 관심을 보이는지 항상 진지하게 생각하고 있어야겠군."

"맞아."

에이미는 매트의 말에 동의하며 말했다.

"그리고 그보다 중요한 건 강화가 즉각적으로 이루어져야 한다는 거야."

운전대를 잡고 한참 동안 생각에 잠겨 있던 매트가 마침내 입을 열었다.

"범고래도 애들처럼 떼를 쓰거나 발작을 일으켜?"

"응. 게다가 고래는 애들보다 다루기 더 힘들어. 우선 몸집이 엄청나게 큰데다 힘도 무지 세거든. 그래서 일단은 그 자리를 피하는 게 상책이야. 물론 그 와중에 안 좋은 행동은 강화하지 않도록 해야 하고."

"흠, 나도 이 교육 방식이 대충 어떤 식으로 돌아가는지 알 것 같아. 덕분에 나 자신에게 올바른 행동을 강화하는 칭찬을 해줘야 겠는걸."

"그게 뭔데?"

"당신은 정말 똑똑해. 바로 이런 칭찬!"

매트는 빙긋 웃으며 말을 이었다.

"그리고 나도 똑똑하고. 왜냐하면 난 나보다 훨씬 똑똑한 여자랑 결혼했거든!"

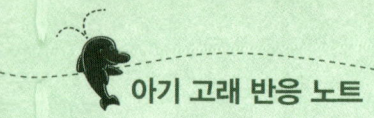 아기 고래 반응 노트

## 떼쓰는 아이를 달래는 전환 전략

**성공을 위한 환경 조성하기**

아이를 최대한 자극이 없는 환경(장난감이나 게임, 먹을거리, 혹은 관심을 가질 만한 다른 물건들이 없는 곳)으로 데려간다. 시간이 지나면 아이는 저절로 조용해질 것이다. 일단 아이가 안정을 되찾고 나면 거기에 대해 칭찬이나 강화를 해준다.

예전에 공공장소에서 난동을 부린 적이 있다면, 가게나 다른 자극적인 환경에 들어가기 전에 그곳에서 어떻게 행동해주기를 바라는지 차분하게 설명한다. 때로는 좋은 행동을 보여준다면 적절한 보상을 해주겠다고 약속한다.

### 실패를 무시하고 새로운 방향으로 관심 전환하기

울고불고 소리를 지르며 생떼를 쓰는 아이에게 이성적으로 설명하려고 들지 마라. 전혀 통하지 않을 테니까. 문제가 생기지 않는 한 원하는 대로 마음껏 악을 쓰도록 그대로 내버려둬라. 관심을 보임으로써 그런 잘못된 행동을 강화시켜서는 안 된다. 무관심으로 일관한다면 아이는 저절로 울음을 그칠 것이다. 아이가 울음을 그치고 조용해지면 "이제 기분이 좀 나아졌니?"라고 말을 건다. 주변이 조용해지고 모든 것이 정상으로 돌아온 뒤에 "방금 있었던 일에 대해 이야기를 해보자꾸나"라고 대화를 시도한다. 아이가 어떤 식으로 행동해주기를 원하는지 설명하고 특히 그렇게 함으로써 아이 자신에게 어떤 이득이 있는지를 강조한다. 만일 당신의 자녀가 너무 어려서 설명을 이해할 수 없다면 행동으로 보여주어라. 아이가 당신이 원하지 않는 행동을 할 때는 무시하고, 당신이 원하는 행동을 할 때만 깊은 관심을 보여준다.

### 칭찬은 아기 고래도 춤추게 한다!

예전에는 바닥에 드러누워 고집을 부리던 아이가 이번에는 그렇게 행동하지 않았다면 변화를 칭찬하고 보상해준다. 가게에서 아이가 손에 쥔 장난감이나 먹을 것을 스스로 포기할 경우에는 크게 칭찬하고 보상으로 그것을 상으로 사줘도 된다. 부모와 아이 양쪽 모두에게 있어 좋은 행동에 대해 의외의 칭찬이나 상을 주는 것만큼 좋은 보상은 없다. 예상치도 못했던 보상을 받는 기쁨은 그 자체로 훌륭한 강화가 된다. 중요한 것은 언제나 똑같은 보상을 이용해서는 안 된다는 점이다. 늘 똑같이 반복되는 보상은 결과적으로 강화물로서의 가치를 잃는다. 명심하라. 당신은 언제나 아이의 올바른 행동에만 초점을 맞춰야 한다. 즉 '잘한 일을 잡아내야' 하는 것이다.

## 식탁 위의 전투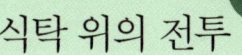

편식하는 아이 골고루 먹게 하는 핵심 기억 법칙

범고래가 올바른 행동을 했을 때
조련사들의 기본적인 반응은 먹이를 주는 거였대.
시간이 지나면서 생선을 보상으로 받는 것이 당연한 절차가 되었고,
고래는 거기에 반응을 덜하게 되었지.
고래는 상으로 생선을 받는 걸 좋아했지만
생선은 보상 그 자체로서의 의미를 잃고 말았어.
왜냐하면 무엇을 하든 언제나 똑같은 반응이 돌아왔으니까.
나중에서야 사람들은 보상의 종류가 다양해지면
고래들의 관심도 높아진다는 사실을 깨달았어.

아침 내내 고래들과 시간을 보낸 뒤 에이미와 동료들은 오늘도 클린트 조던의 격려사를 들었다.

"우리 씨월드는 첫 인상을 매우 중요하게 생각합니다. 그리고 우리는 '핵심 기억'에 매우 많은 공을 들이죠. 왜냐하면 우리는 고래들이 훈련 과정을 거치는 내내, 특히 새로운 행동을 배울 때 긍정적인 경험을 하도록 만들고 싶기 때문입니다. 그리고 이는 여러분에게도 마찬가지입니다. 우리는 여러분이 이곳에서의 경험을 떠올릴 때마다 오직 좋은 감정과 느낌을 연관시킬 수 있길 희망합니다.

새로운 직장에서 일을 시작할 때, 사람들은 먼저 대개 주변 일이 어떻게 돌아가는지를 지켜보고 관찰하라는 이야기를 듣습니다. 우리는 그런 관찰에 미친 사람들이에요. 다른 모든 과학적 연구와 마찬가지로 범고래와 일할 때 성공을 일궈낼 수 있는 요소 중 하나는 바로 신중하고 세심한 관찰입니다. 이는 다른 동물들과 함께 일할 때도 마찬가지입니다. 눈앞에서 일어나는 일들을 직접 목격하고 마음에 새기면 단순한 소문이나 통념, 경솔한 추측에 기대는 사람들보다 더 발전하고 앞서갈 수 있습니다. 범고래들과 친해지기 위해 여러분이 해결해야 할 가장 큰 과제는 그들의 신뢰를 얻어야 한다는 겁니다. 고래들에게서 눈을 떼지 말고 세심하게 관찰하고 보살피면 그들과 가까워질 계기를 마련할 수 있을 겁니다. 왜냐하면 고래들은 당신이 그들 자신의 습관과 버릇, 각자의 차이점에 대해 어떻게 반응하는지를 재빨리 깨달을 테니까요."

클린트의 격려사는 계속 되었다.

"그러므로 우리는 고래들을 면밀히 관찰해야 합니다! 여기서는 언제나 두 눈을 크게 뜨고 돌아다녀야 합니다. 각각의 범고래들의 관계는 어떤가? 훈련을 받지 않을 때는 무엇을 하며 시간을 보내는가? 서로에게 어떤 행동을 하고 어떻게 대하는가? 누가 누구와 친한가? 관찰은 우리가 하는 일 가운데서도 커다란 핵심을 차지합니다."

클린트는 말을 이었다.

"예를 들어 우리가 범고래에게 사용하는 가장 중요한 강화물 중 하나는 마사지, 즉 신체적 접촉입니다. 고래들이 풀장 가장자리나

혹은 서로에게 몸을 비벼대는 걸 보고 우린 고래들에게 보상으로 몸을 긁고 문질러주기 시작했지요. 이제 이런 신체적 접촉은 우리가 고래에게 주는 가장 중요한 보상 중 하나가 되었습니다."

점심식사를 끝낸 뒤 에이미와 킴 리는 고래들에게 먹이를 주기 위해 생선이 가득 든 양동이를 챙기고 있었다. 그러다 에이미는 범고래의 먹이에 오징어가 섞여 있는 것을 발견했다.

"식이요법 때문이에요."

킴 리가 말했다.

"아이들이 야채를 싫어하는 것처럼 범고래도 오징어를 별로 좋아하지 않아요. 생선이랑 씹는 느낌도 다르고 맛도 다르거든요."

"그러면 어떻게 하면 좋죠?"

에이미가 물었다.

"훈련 시간을 최대한 활용해서 사구에게 오징어 먹는 법을 가르쳐야죠."

킴 리가 대답했다.

"사구에게 이리 오라고 해주세요."

에이미가 풀장 가장자리의 물을 튀겨 사구를 불렀다. 킴 리는 두 개의 양동이를 채웠다. 하나는 사구가 좋아하는 생선이었고, 다른 하나는 오징어였다. 그러고 나서 그녀는 평소와 똑같이 사구에게 먹이를 주기 시작했다. 사구가 입을 벌리고 생선을 받아먹는 중간 중간, 킴 리는 몰래 오징어 한 마리를 떨어뜨렸다. 오징어가 목구멍으로 넘어가자 킴 리는 다시 사구가 좋아하는 생선을 떨어뜨렸다. 그녀는 계속해서 이런 식으로 생선과 오징어가 들어 있는 양동이를 번갈아가며 비웠고, 식사가 끝나갈 즈음이 되자 사구가 좋아하는 생선으로만 배를 채울 수 있게 해주었다.

"어때요? 사구가 잘해냈죠?"

킴 리가 말하자 에이미는 고개를 끄덕였다. 두 사람은 오징어를 다 먹은 사구에게 보상으로 온몸을 부드럽고 힘차게 문질러주었다.

"부르르릉! 여기 비행기가 착륙합니다!"

매트가 완두콩이 놓여 있는 숟가락을 조쉬의 입을 향해 조준했다. 그러나 불행히도 비행기는 착륙 허가를 받지 못한 채 계속해서 하늘만 빙빙 맴돌고 있었다. 조쉬의 입은 굳게 닫힌 격납고처럼 열릴 줄을 몰랐다. 게다가 조쉬는 머리를 이리저리 격렬하게 흔들기까지 하고 있었다.

매트가 간절한 표정으로 식탁 건너편에 앉아 있는 에이미를 쳐다보았다.

"웃고 있구만."

그는 숟가락을 식탁 위에 내려놓으며 말했다.

"씨월드에서는 지금 이런 상황을 해결할 비법도 가르쳐줬겠지?"

"마침 그런 말을 하다니 재미있네. 안 그래도 며칠 전에 배운 방법이 생각났거든."

에이미는 매트에게 킴 리와 함께 사구에게 오징어를 먹인 이야기를 들려주었다.

"그 방법이 장기적으로도 통할까?"

매트가 물었다.

"그 다음날에 내가 사구한테 오징어를 거의 반 양동이나 먹였는 걸. 물고기는 아주 조금밖에 없었는데 말이야. 그래서 잘했다고 신중한 방법으로 보상을 해주었지. 그랬더니 얼마 안 가서 사구뿐만 아니라 다른 고래들도 상으로 생선을 섞어주지 않아도 오징어를 잘 먹게 되었지 뭐야."

유아용 의자에 앉아 있는 조쉬가 보채듯이 숟가락을 흔들어대기 시작했다.

"조금만 기다려라, 아들아."

매트가 말하더니 다시 에이미에게로 시선을 돌렸다.

"그럼 우리 계획은 뭐야? 어떻게 하면 이 콩을 우리 아들 뱃속에 집어넣을 수 있지?"

"먼저 조쉬가 좋아하는 게 필요해."

에이미는 자신과 킴 리가 사구에게 사용했던 방법을 떠올리며 말했다.

"하지만 그렇다고 지금 당장 조쉬가 좋아하는 음식을 주어서는 안 돼. 그러면 조쉬는 자기가 콩을 먹지 않아서 우리가 방법을 바꾸었다고 생각할 거야. 그런 나쁜 행동을 보상해줘서는 안 되지."

"좋아, 그럼 다음 식사시간부터 당장 시도해보자. 조쉬에게 콩을 먹이기 위해 이용할 수 있는 음식이라면…… 아, 알았다!"

두 사람이 동시에 소리쳤다.

"마카로니 치즈!"

"먼저 조쉬가 좋아하는 음식을 주고 완두콩을 주는 거야."

에이미가 말했다.

"그리고 다음부터는 두 음식을 무작위로 번갈아가면서 주는 거지. 조쉬가 마카로니 없이도 잠자코 콩을 받아먹으면 상을 주되 그 뒤부터는 조쉬한테 콩을 먹으라는 말을 하지 않는 거야."

"간단히 말해서 강요하지 말라는 거지?"

매트가 말했다.

"응, 그리고 다음번 식사시간까지 기다렸다가 효과가 있는지 지켜봐야지. 진전이 있으면 또 칭찬을 해주고. 하지만 문제를 단번에 해결하려고 들어선 안 돼. 한 번에 조금씩 천천히 해나간다면 결국 우리가 원하는 결과를 얻을 수 있을 거야."

다음날 저녁식사 시간이 되었을 때, 에이미는 조쉬가 좋아하는 마카로니 요리를 데웠다. 그녀가 접시를 테이블로 가져오자 조쉬의 눈이 반짝 하고 빛났다. 젊은 부모는 어제 세운 계획을 실천에 옮겼고, 그것은 놀랍게도 효과가 있었다.
"잘 했어, 조쉬!"
엄마아빠가 기뻐하며 환호성을 질렀다.
매트는 아들을 꼭 껴안아준 다음 말했다.
"당신도 알다시피, 어쩌면 조쉬의 식습관은 우리가 원하는 대로 발전하지 않을지도 몰라."
"그래도 마찬가지야."
에이미가 대답했다.
"중요한 건 조쉬가 콩을 좋아하게 만드는 게 아니야. 어쨌든 먹게 하는 거지. 이것에 익숙해지면 언젠가는 스스로 콩을 먹겠다고 할지도 모르잖아."
조쉬를 잠자리에 눕힌 뒤 에이미는 매트에게 말했다.
"내가 범고래를 가르치면서 배운 것들 중에 가장 흥미로운 건 말이야, 어떤 행동에 대한 반응, 그러니까 결과 반응 중에서 가장 중요한 게 '변동 강화'라는 점이야."

"오, 제발 우리나라 말로 해줘, 여보."

에이미가 빙그레 웃었다.

"간단히 말하자면 조쉬가 좋은 행동을 할 때마다, 그러니까 우리가 그걸 알아차리고 보상을 해줄 때마다 그 강화 방식이 언제나 다양해야 한다는 의미야. 클린트가 그러는데 자기가 처음 이 분야에 발을 들여놓았을 때, 범고래가 올바른 행동을 했을 때 조련사들의 기본적인 반응은 먹이를 주는 거였대. 하지만 시간이 지나면서 생선을 보상으로 받는 것이 당연한 절차가 되어버렸어. 그러자 고래는 거기에 반응을 덜하게 되었지. 고래는 상으로 생선을 받는 걸 좋아했지만 생선은 보상 그 자체로서의 의미를 잃고 말았어. 왜냐하면 무엇을 하든 언제나 똑같은 반응이 돌아왔으니까. 나중에서야 사람들은 보상의 종류가 다양해지면 고래들의 관심도 높아진다는 사실을 깨달았어. 클린트는 조련사들이 생선을 주는 것 외에도 고래의 몸을 문질러주거나 함께 놀아주거나 새 장난감을 주는 등 다양한 형태의 보상을 지속적으로 혼합해서 주기 시작하자 고래들이 더 많은 흥미와 관심을 보였다고 말했어. 심지어 공연을 할 때 고래들이 창의성을 발휘하기까지조차 했대. 동물들은 다음에 무엇이 보상으로 주어질지 모른다면 더욱 활발해지고 기대에 부풀게 돼."

"올바른 행동에 대해 고래들에게 다양하고 참신한 보상을 해준다는 건 확실히 이해가 가는 이야기야. 그럼 이 원칙을 조쉬에게 적용시키려면 우리는, 그러니까…… 그게 뭐라고?"

"변동 강화."

"어, 그래, 그러니까 그 변동인지 뭔지 그걸 이용하면 조쉬한테도 효과가 있단 말이지?"

다음 며칠 동안 부부는 어린 아들에게 사용할 수 있는 다양한 고래 반응을 목록으로 작성했다. 그들이 가장 먼저 생각해낸 것은 최대한 다양하고 참신한 언어적 강화였다.


"네가 정말 자랑스럽구나, 조쉬."

"어머나, 이것 좀 봐! (우리 아들이 혼자서 옷을 입었네!)"

"정말 잘했다, 애야!"

"네가 한 일이 엄마한테 얼마나 도움이 되는지 아니?"

"(네가 채소를 다 먹어서) 우린 진심으로 기쁘단다."

"아빠한테 네가 이걸 얼마나 잘했는지 말씀드려야겠다."

"엄만 네가 (친구들과 사이좋게 지내는 모습이) 참 좋구나."

"(혼자서 화장실에 가다니) 엄만 정말 기쁘다!"

"(해주세요라고 착하게 말했으니) 오늘 저녁에는 동화책을 한 권 더 읽어줄게."

"조쉬는 (장난감 치우기) 챔피언이구나!"

두 사람은 고래 칭찬 스티커 차트의 수준을 한 단계 더 업그레이드시켰다. 부부는 바구니를 하나 마련해 조쉬가 좋아하는 자질구레한 물건들로 가득 채웠다. 에이미는 또한 조쉬가 손을 집어넣어 골라 집을 수 있도록 말린 과일이며 간식거리가 들어 있는 작은 주머니를 만들었다. 얼마 지나지 않아 고래 칭찬 도구 상자가 완성되었다. 지속적으로 보상해주는 계획을 실천하면서, 조쉬는 무엇을 상으로 얻게 될지 알 길이 없었다. 조쉬가 접시에 담긴 음식을 모두 먹었을 때는 칭찬의 말이 뒤따랐고, 잠자리에 들어야 할 시간이 되었는데도 투정을 부리지 않고 얌전히 엄마아빠의 말을 따랐을 때는 짧지만 자기가 주인공으로 등장하는 이야기를 들었다.

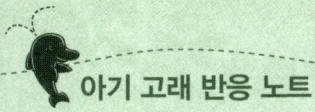

# 편식하는 아이 골고루 먹게 하는 핵심 기억 법칙

**성공을 위한 환경 조성하기**

식사시간은 재미있는 시간이 될 수 있다. 그러나 아이가 밥 먹기를 거부한다면 상당히 골치 아픈 시간이 될 수도 있다. 밥 먹기를 재미있는 경험으로 만들 수 있는 계획을 세워라. 그런 다음 창의력을 발휘하라! 일단 아이를 배고프게 만든 다음(식사 전에 간식이나 우유를 주지 말 것), 처음 먹어보는 이 음식이 맛있다는 사실을 보여주어야 한다. 하지만 절대로, 절대로 디저트나 과자를 이용해 아이에게 밥을 먹이려고 하지 마라. 다만 밥을 다 먹고 난 다음에 디저트를 보상으로 제공할 수는 있다. 다시 말하지만 이 모든 과정이 한 번에 성공할 것이라고 기대하지 마라. 천천히 단계별로 조금씩 나아가되 조금이라도 진전이 있다면 칭찬을 아끼지 마라.

### 실패를 무시하고 새로운 방향으로 관심 전환하기

만일 아이가 음식을 거부한다면 다른 방법을 찾아라. (예를 들어 콩을 먹기 싫어하는 조쉬의 경우, 에이미는 가게에서 완두콩을 콩깍지째 사서 조쉬에게 그것을 까고 다듬도록 도와달라고 요청함으로써 새로운 먹거리에 대한 흥미를 돋울 수 있었다.) 가능하다면 아이에게 한 가지 음식만 먹는 것보다 여러 가지를 골고루 먹는 것이 훨씬 재미있다는 점을 설득한다. 새로운 음식을 선보일 때마다 특이하고 참신한 방법을 사용하라. 지금 당신이 어떻게 하는지에 따라 앞으로 당신의 자녀가 평생 바람직한 식습관을 유지할 수 있을지가 결정된다는 사실을 숙지하기 바란다. 또한 당신 자신의 식습관이 말보다도 더 큰 이야기를 해줄 수 있음을 명심하라. 아이에게 "내가 먹는 건 먹으면 안 돼. 대신 내가 먹으라고 하는 걸 먹으렴!"이라는 메시지를 보내지 않도록 주의하라.

**칭찬은 아기 고래도 춤추게 한다!**

　아이가 새로운 음식을 먹거나 싫어하던 음식을 꾹 참고 견뎌낸다면 호들갑을 떨면서 아이를 칭찬한다. 완벽할 필요는 없다. 아주 작은 진전이라도 보인다면, 혹은 성공을 향해 한 발짝만이라도 가까이 다가간다면 이를 눈여겨보고 칭찬하라. 부모들은 보통 좋은 행동이나 잘한 일에 대해 음식을 강화물이나 보상으로 사용하는 경향이 있는데, 그런 경우 아이들은 올바른 행동을 할 때마다 그것을 기대하게 된다. 칭찬에서부터 장난감, 간식, 그리고 특별한 기회에 이르기까지 보상을 다양화하는 것은 대단히 중요한 일이다. 고래 칭찬 스티커 차트도 훌륭한 효과를 발휘한다. 침대에서 동화책을 한 권 더 읽어준다거나 연필이나 스티커, 여러 잡동사니가 들어 있는 상자에서 하나를 골라잡게 해주는 것도 좋은 방법이 될 수 있다. 자녀가 일주일만이라도 몇 가지 좋은 행동을 보인다면 상으로 선물을 고를 수 있게 해준다.

# 공갈젖꼭지 떼기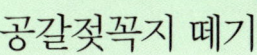

### 6장

### 소유물에 대한 건전한 태도를 기르는 법

당신은 단순히 조쉬의 행동에만 초점을 맞춘 게 아니라
그 '행동을 불러일으키는' 원인과 동기를 생각한 거야.
우리가 이런 식으로만 계속한다면 곧 효과가 나타날 거야.
씨월드에서도 늘 그런걸.
사실 고래를 훈련시키다가도
가끔은 정말 인내심이 바닥나기도 해.
하지만 그럴 때면 난 이렇게 생각하지.
'대체 왜 그러는 걸까?' 해답은 늘 존재해.
행동의 원인을 알게 되면 해결책을 찾아낼 수 있게 되지.

즐거운 토요일이었다. 하지만 에이미는 출근을 해야 했기 때문에 매트가 조쉬를 데리고 씨월드에 놀러 가기로 했다. 거대한 몸집을 지닌 범고래를 가까이에서 본 조쉬의 눈이 놀란 토끼처럼 휘둥그레졌다. 범고래쇼가 끝난 뒤 매트와 조쉬가 무대 뒤쪽에 있는 에이미를 찾아왔다. 대부분의 직원들이 이미 매트와 조쉬를 만난 적이 있었기 때문에 사람들은 조쉬가 참 많이 컸다면서 법석을 떨었다.
 에이미는 킴 리에게 타트와 캐건을 훈련시키는 모습을 매트와 조쉬에게 보여주어도 괜찮겠느냐고 물었다. 요즈음 타트는 젖을 떼는 연습을 하고 있었다. 에이미가 먹이를 주면 어미 고래인 캐건은 가끔 자신이 받은 생선을 아기 고래 타트에게 건네주곤 했다. 타트는 받은 생선을 건드려보다가 조금 맛을 보고는 뱉어버렸다.

아기 고래가 먹이를 뱉을 때마다 조쉬는 웃음을 터트리며 손가락질을 해댔다.

"타트가 먹을 걸 가지고 장난을 치고 있는 것 같군요."

매트가 말했다.

"맞아요. 아기 고래들은 생후 석 달쯤이 지나면 이빨이 나기 시작해요. 그러면 어미 고래는 새끼들에게 작은 물고기를 먹이기 시작하죠. 완전히 젖을 떼려면 시간이 조금 걸리거든요. 지금 캐건은 타트가 물고기를 갖고 놀 수 있게 해주고 있어요. 우리도 캐건을 도와서 타트가 물고기에 익숙해지도록 가끔 생선을 던져줘요. 시간이 조금 지나면 타트는 생선을 가지고 노는 데서 멈추지 않고 조금씩 씹어볼 테고 나중에는 삼키기도 할 거예요. 그렇게 되면 완전히 어미의 젖을 떼고 스스로 생선을 먹게 되죠."

킴 리가 대답했다.

"타트는 언제나 저렇게 어미 곁에 찰싹 달라붙어 있나요?"

매트가 말했다.

"두말하면 잔소리지."

에이미가 말했다.

"하지만 젖을 떼는 기간 동안에는 혼자서 이곳저곳을 기웃거리기 시작해. 젖을 완전히 떼고 좀 더 자신감이 생기면 어미한테서 멀리 떨어진 곳까지 헤엄쳐 돌아다니기 시작하고 말이야. 그리고 그때가 되면 우리는 새끼가 우리에게 관심을 쏟도록 유혹할 거야. 먹이나 장난감을 준다든지, 아니면 풀장 가장자리에서 말을 건다든지 하면서 말이야. 그래서 타트가 우리에게 다가오면 마사지를 해줘. 어, 그러니까 손바닥으로 몸을 문질러주는 거야. 아기 고래들은 몸을 문지르고 긁어주는 걸 좋아하거든. 우리가 하는 일은 모두 아기 고래가 주변 환경에 보다 안심하고 익숙해질 수 있게 하기 위한 거야. 하지만 어미 고래도 인간이랑 똑같아서 새끼가 너무 멀리 가지나 않는지 항상 새끼한테서 눈을 떼지 않아. 우린 고래들과 아주 깊고 친밀한 관계를 유지해야 해. 그래야 어미들이 안심하고 우리한테 새끼를 맡기거든."

한참 동안 고래들을 지켜보던 매트가 말했다.

"이제 그만 집에 가야겠어요. 하지만 오늘 정말 즐거웠습니다. 많은 걸 배웠어요. 솔직히 말하자면 오늘 여기서 본 걸 집에서도 당장 활용해보고 싶군요. 우리 조쉬가 하루 종일 공갈젖꼭지를 빨면서 입에서 내놓으려 하질 않거든요."

"좋은 생각이에요, 매트."

킴 리가 말했다.

"나도 애가 있어서 잘 알죠. 그리고 에이미처럼 저도 여기서 애

키우는 데 도움이 되는 걸 참 많이 배웠어요. ABC 법칙만 해도 동물에게나 사람에게나 아주 유용하거든요. 아이가 그렇게 '공갈젖꼭지'에 집착하는 행동 뒤에 무엇이 숨어 있는지를 파악하는 게 중요해요. 사람이든 동물이든 그런 것에 매달리고 의존하는 건 불안하기 때문이니까요. 그런 버릇을 없애려면 참을성이 필요해요. 자진해서 그것을 포기할 때까지 그런 필요를 채워줄 수 있는 다른 것을 주어야 하죠."

"좋은 생각이에요. 고마워요."

매트가 킴 리의 손을 잡으며 말했다.

그날 저녁 에이미는 늦은 시간까지 회의에 참석하느라 조쉬가 잠이 든 후에야 집에 돌아왔다. 매트는 에이미에게 자신이 사용한 새로운 전략에 대해 들려주고 싶어 안달이 나 있었다.

"당신도 조쉬가 평소에 얼마나 공갈젖꼭지에 집착하는지 알지?"

매트가 말했다.

"오늘 씨월드에서 아이가 불안감을 느낄 때는 위안이 될 만한 걸 줘야 한다는 사실을 깨달았어. 그래서 운전을 할 때는 조쉬가 젖꼭지를 물고 있게 내버려뒀지. 그리고 집에 오는 길에 철물점에 들렀을 때도 물려줬어. 그렇게 사람이 많은 환경에서는 그래도 괜찮을

거라고 생각했거든.

하지만 집에 도착해서는 조쉬에게 젖꼭지 대신에 걔가 좋아하는 담요를 줬어. 담요를 주면서 내가 손을 내미니까, 세상에 조쉬가 입에서 젖꼭지를 빼더니 나한테 그걸 주더라고! 그래서 잘 했다고 큰 소리로 칭찬을 해줬지. 그랬더니 조쉬가 아주 환한 얼굴로 웃는 거야. 그러고는 나중에 밤이 되어서 애를 재울 준비를 하는데 내 말도 잘 듣고 말썽도 부리지 않아서 다시 공갈젖꼭지를 줬지. 그랬더니 순식간에 조용해져서 잠이 들더라고."

"오, 여보. 당신 정말 굉장해!"

에이미가 감탄했다.

"당신은 단순히 조쉬의 행동에만 초점을 맞춘 게 아니라 그 '행동을 불러일으키는' 원인과 동기를 생각한 거야. 우리가 이런 식으로만 계속한다면 곧 효과가 나타날 거야. 씨월드에서도 늘 그런걸. 사실 고래를 훈련시키다가도 가끔은 정말 인내심이 바닥나기도 해. 하지만 그럴 때면 난 이렇게 생각하지. '대체 왜 그러는 걸까?' 해답은 늘 존재해. 행동의 원인을 알게 되면 해결책을 찾아낼 수 있게 되지. 정말 잘했어, 여보."

"당신 코치인 킴 리한테 배운 거야."

에이미가 고개를 끄덕였다.

"킴 리는 정말 대단해. 애가 둘이나 있는데, 아동발달에 대해서는 거의 박사급이라니까. 그녀랑 같이 일하게 돼서 얼마나 다행인지 몰라. 단순히 일뿐만 아니라 정말 여러모로 도움을 주고 있거든."

그 주 일요일 오후에 에이미와 매트는 그들의 친구인 밥과 마리아의 집에서 열리는 바비큐 파티에 참석했다. 네 사람은 벌써 몇 달 동안이나 얼굴을 보지 못한 터였다. 매트와 에이미는 조쉬보다 몇 달 먼저 태어난 그 집 아들 에릭이 어떻게 자랐을지 무척 궁금했다.
"에릭이 아직도 옛날처럼 고집이 센지 모르겠네."
에이미가 말했다.
"두 사람 다 걔 때문에 항상 정신이 없었지."
매트가 맞장구를 쳤다.
바비큐 파티는 상당히 순조롭게 흘러갔다. 두 꼬마아이들을 돌보기 위해 고용된 같은 동네 십대 아이가 조쉬와 에릭을 놀이방으로 데리고 들어가기 전까지는 말이다. 밖에서 잠시 시간을 보낸 부모들은 아이들이 어떻게 지내고 있는지 확인하러 집 안으로 들어갔다. 놀이방의 문을 연 순간, 그들은 발 디딜 틈도 없이 장난감이 가득 널브러진 방 한가운데 앉아 있는 에릭을 발견했다. 에릭은 엄마 아빠를 보자마자 빽빽거리며 소리를 질러대기 시작했다. 조쉬는 친구가 갑자기 짜증을 내자 당황스러워하는 것 같았지만 에이미와 매트는 조쉬의 반응을 무시하기로 결정했다. 파티가 끝나고 집에 돌아왔을 때, 부부는 그 일에 관해 이야기를 나누었다.

"맙소사. 그 친구들, 에릭한테 장난감을 정말 산더미처럼 사줬더라."

매트의 말에 에이미가 어깨를 으쓱했다.

"당신 부모님이 지난번 조쉬 생일 때 보내준 거랑 거의 비슷한 수준이던데, 뭐."

에이미가 말했다.

"그래서 그중 대부분을 숨겨놓아야 했지. 난 최대한 그걸 꺼내지 않았어. 그래야 조쉬가 장난감에 쉽게 싫증을 내지 않을 테니까. 그중에서 몇 개만 가지고 놀다가 시간이 좀 지나면 몇 개를 치우고 새 걸 꺼내주는 거지. 그러다가 또 다시 몇 개를 치우고 옛날 장난감을 갖다주면 조쉬는 그게 새 장난감이라도 되는 것처럼 다시 재미있게 가지고 놀거든."

매트가 키득거렸다.

"그것도 고래한테 배운 거지?"

"글쎄, 어떨 거 같아?"

에이미가 미소로 대답했다.

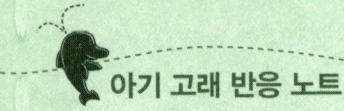

## 아기 고래 반응 노트

# 소유물에 대한 건전한 태도를 기르는 법

**성공을 위한 환경 조성하기**

    명절이나 생일이 되면 당신 자녀의 방에는 온갖 선물과 번쩍번쩍한 장난감들이 잔뜩 쌓이게 된다. 절대로 아이들의 주변에 장난감을 있는 대로 늘어놓아서는 안 된다. 대신 장난감을 바구니에 넣어 정리한 다음, 한 번에 하나의 바구니만을 내놓고 가끔씩 다른 바구니로 교환해준다. 이때 같은 장난감을 돌아가면서 내놓아야 한다. 가끔 아이가 특히 좋아하거나 아끼는 장난감을 잠시 치웠다가 다시 가져올 때면 즐거운 추억을 불러일으킬 수 있고 싫증을 느끼지 않도록 예방할 수도 있다.

### 실패를 무시하고 새로운 방향으로 관심 전환하기

만일 당신이 일부러 숨겨놓은 장난감을 아이가 요구한다면, 이미 존재하는 물건이나 다른 경험으로 아이의 관심을 돌려야 한다. 만약 당신이 사용하던 물건을 잃어버렸다거나 고장을 냈다면, 아이가 물건에 집착하지 않는 태도를 기를 수 있도록 스스로 본보기를 보여주는 기회로 생각하자. ("그동안 쓴 걸로 충분해.") 그래서 아이가 장난감을 잃어버리거나 망가뜨렸을 때, 아이 스스로 "그동안 충분히 재미있게 가지고 놀았으니까 괜찮아"라고 말할 수 있게끔 유도하라. 여행이나 생일 파티처럼 특별한 이벤트에 아이들이 집착하는 경우가 종종 있는데, 이때도 위와 같은 방법으로 집착하지 않도록 유도할 수 있다.

### 칭찬은 아기 고래도 춤추게 한다!

아이가 조금씩 향상되는 모습을 보일 때마다 그것을 알아차리고 칭찬과 애정으로 표현한다면 아이들 역시 자신의 물건을 조심스럽고 깨끗하게 다룰 수 있게 될 것이다. 아이에게 항상 장난감을 정리정돈하고 깨끗하고 조심스럽게 다루도록 가르쳐라. 그런 다음 아이를 껴안아주고 스티커를 주고, 고래 반응 보상을 해준다. 아이가 물건에 특별한 애착을 보이지 않을 때도 부모가 그러한 사실을 알아차렸음을 알려주고 칭찬하라. 그에 대한 보상은 장난감과 같은 또 다른 물질적인 보상이 아니라 좋아하는 메뉴나 예쁜 카드 같은 다른 특별한 것이 바람직하다.

## 함께 나누는 기쁨

### 친구와 공유하는 법 가르치기

제일 중요한 건 미리 계획을 세우는 것입니다.
아이에게 무엇을 가르치고 싶은지 미리 생각해두고
기회가 왔을 때 재빨리 행동하는 거예요.
무엇보다 먼저 아이가 투정을 부리는 원인을 찾고,
관심을 받고 보상을 받는다는 것이
아이에게 어떤 의미인지를 이해해야 합니다.
그런 다음 아이가 그것을 올바른 방식으로
요구하도록 가르쳐야 해요.

"오늘은 범고래에게 친구들과 나눠 갖는 법을 어떻게 가르치는지 이야기할 겁니다."

클린트는 조련사들에게 몇 마리의 범고래들을 연습용 풀로 이동시켜달라고 부탁한 다음 세 명의 훈련생들에게 말했다.

"사실 고래는 어떤 면에서 어린아이들과 똑같습니다. 어린아이들과 마찬가지로, 고래의 목적은 관심을 받고 보상을 얻는 겁니다."

클린트는 조련사들이 던져준 장난감들을 가지고 정신없이 놀고 있는 고래들을 가리키며 말을 이었다.

"그런데 아이들은 자라면서 먹을 것이나 장난감과 같은 것들을 다른 사람들과 나누는 법을 배워야 하죠. 고래들도 마찬가지입니다. 그러므로 우리는 이 고래들에게 서로 나눠 갖고 공유하는 법을 가르쳐야 하죠."

범고래들의 '장난감'은 진정 고래들에게 걸맞는 크기였다. 하나는 약 200리터짜리 커다란 물통이었고 다른 하나는 2미터 정도 되는 플라스틱 공이었다.

"우린 저걸 들지도 못해요."

클린트가 말했다.

"하지만 고래들은 저게 마치 공깃돌이라도 되는 양 가볍게 가지고 놀고, 물 밖에서 이리저리 돌리고 뒤집기까지 해요. 자, 그럼 조디가 투탄에게 저 장난감을 타트와 함께 가지고 노는 법을 가르치는 모습을 지켜보도록 할까요."

에이미는 경험 많은 조련사인 조디가 투탄과 함께 던지고 받기 놀이를 하는 모습을 지켜보며 필기를 했다. 조디가 장난감인 엄청나게 크고 두꺼운 밧줄을 투탄에게 던지자, 투탄이 밧줄을 코로 밀며 조디를 향해 헤엄쳐 다가왔다.

"조디가 투탄이 제일 좋아하는 장난감을 사용하고 있다는 점을 눈여겨보십시오."

클린트가 계속해서 말을 이었다.

"이제 다음 단계는 고래들이 장난감을 함께 갖고 놀도록 만드는 겁니다."

조디는 에이미와 다른 훈련생들의 주목을 한몸에 받으며 투탄의 장난감을 타트에게 던져주었다. 그러자 타트는 곧장 그것을 가지고 장난을 치기 시작했다. 투탄이 자신의 장난감을 가지러 타트 쪽으로 헤엄쳐 가려 하자 조디가 투탄에게 '나와 함께 놀자'라는 수신호를 보냈다. 그런 다음 그녀는 투탄에게 엄청나게 커다란, 물에 뜨는 새 장난감을 던져주었다. 투탄이 처음 보는 장난감이었다. 투탄은 다시 조디에게 다가와 새 장난감을 가지고 놀기 시작했다. 잠시 후 그녀는 두 마리의 범고래를 함께 불러들여 둘의 장난감을 바꾸어주었다. 이제 투탄은 자신이 처음에 가지고 놀던 장난감을 다시 받게 되었고 타트는 새로운 장난감을 가지고 놀 수 있게 되었다. 이 훈련의 목적은 명백했다. 두 범고래가 서로 장난감을 나누어 가지고 노는 데 익숙해지게 하고 소유권 다툼을 방지하는 것이었다.

점심시간에 에이미는 클린트의 옆에 앉았다.
"오늘 배운 내용이 무척 마음에 들어요."
에이미가 말했다.
"사실 항상 이렇게 원만하게 되는 건 아니랍니다. 고래들이 아무런 말썽 없이 장난감을 함께 가지고 놀게 하려면 엄청난 시간을 들여 많은 훈련을 시켜야 하죠. 특히 새로운 장난감을 줄 때는요."

"전 여기서 배운 많은 것들을 우리 세 살짜리 아들에게도 적용할 수 있다는 사실을 깨달았어요. 혹시 저처럼 친구와 장난감을 함께 갖고 놀지 않으려는 아이를 둔 부모에게 해주실 충고는 없나요?"

클린트는 고개를 끄덕였다.

"어린아이들은 자기가 뭘 원하는지 말로 잘 표현하지 못하죠. 하지만 떼를 쓰거나 울 수는 있어요. 그래서 원하는 게 있으면 그렇게 우는 거랍니다. 제일 중요한 건 미리 계획을 세우는 것이라고 봅니다. 아이에게 무엇을 가르치고 싶은지 미리 생각해두고 기회가 왔을 때 재빨리 행동하는 거예요. 무엇보다 먼저 아이가 투정을 부리는 원인을 찾고, 관심을 받고 보상을 받는다는 것이 아이에게 어떤 의미인지를 이해해야 합니다. 그런 다음 아이가 그것을 올바른 방식으로 요구하도록 가르쳐야 해요."

"대부분의 부모들은 아이들에게 간식이나 장난감을 친구들과 사이좋게 공유하는 법을 가르치고 싶어 하지요."

클린트는 말을 이었다.

"그렇지만 그것은 말썽이 일어나기를 기다리는 것이나 마찬가지예요. 그 결과 아이들이 받는 유일한 '훈련'은 다른 아이들과의 갈등을 통해서만 이루어지고, 아이는 결국 상처를 입거나 두려움을 느끼거나 저도 모르게 방어적인 태도를 취하게 됩니다. 아이에게 가르칠 때도 기본 원칙은 우리가 고래들에게 반복해서 사용하는 것과 똑같습니다. '처음부터 성공을 향해 나아갈 수 있도록 준비한다. 아이가 바람직한 행동을 할 수 있는 환경을 조성한다. 그리고 당신이 원치 않는 행동이 아이의 첫 번째 경험이 되지 않도록 주의한다.'

방금 투탄에게 새로운 장난감을 주어 관심을 전환함으로써 전에 가지고 놀던 장난감을 포기하도록 도와준 것 기억나지요? 아이들에게도 똑같은 방식을 적용할 수 있습니다. 아이가 좋아하는 장난감을 가지고 놀 때까지 기다렸다가 이렇게 말해보십시오. '얘야, 내가 잠깐 그걸 봐도 되겠니?' 그런 다음 아이가 순순히 당신에게 장난감을 내밀면 크게 칭찬해주는 겁니다. '오, 참 착하구나. 엄마한테 네 장난감을 빌려주다니!'"

범고래들의 점심시간이 다가오자 클린트가 말했다.

"그렇다면 이 원칙이 식사시간에는 어떻게 적용되는지 보러 갈까요?"

일행은 씨월드에서 가장 큰 범고래인 커스티가 다른 고래 몇 마리와 머무르고 있는 탱크로 향했다. 스티브, 로레인과 함께 고래들에게 줄 생선을 준비하던 에이미는 다른 고래들은 먹이를 받아먹으러 다가오는데 커스티는 혼자 풀장 한쪽에서 헤엄치고 있다는 사실을 알아차렸다.

"어째서 무리의 대장인 커스티가 가장 나중에 먹는 거죠?"

에이미가 놀라서 물었다.

"그렇게 훈련을 시켰거든요."

클린트가 대답했다.

"그렇지 않으면 다른 고래들이 먹지를 못하니까요. 식사시간마다 그런 고생을 할 필요가 없잖아요."

갑자기 클린트가 음흉한 표정을 슬쩍 내보이며 말했다.

"자, 그럼 여러분도 이제 여기서 꽤 오래 일했으니 우리가 커스티를 어떻게 훈련시켰는지 알겠죠?"

세 명의 훈련생들은 서로 얼굴을 마주 보며 씨익 웃었다.

"깜짝 퀴즈 시간인가 보군요."

스티브가 말했다.

"좋아요. 저부터 시작할까요? 아마 얼마 동안 조련사 한 명이 커스티와 다른 고래 한 마리에게 동시에 먹이를 줬을 거예요. 그러다가 저 덩치 큰 친구가 조금이라도 기다리면 그 순간을 포착해서 커스티에게 보상을 해주는 거죠."

클린트가 고개를 끄덕였다.

이번에는 에이미가 말을 받았다.

"그러고는 시간이 지날수록 점점 더 많은 고래들을 식사시간에 참여시켰겠죠. 커스티가 자기 순서를 기다릴 때마다 보상을 해주고, 그러다 마침내 제일 마지막까지 기다리면 아주 특별한 상을 준 거예요."

"정확해요."

클린트가 만족스럽다는 표정으로 말했다.

"그렇게 해서 커스티는 자기 차례를 기다린다면 결국 더 큰 보상이 있다는 사실을 배웠지요. 실질적으로 동물들에게 가르치지 못할 것은 없어요. 만일 우리가 언제나 긍정적인 태도를 지니고, 실수나 실패를 무시하고, 적절한 행동을 했을 때 칭찬과 보상을 해준다면 말이죠. 말이 나왔으니 말인데, 세 사람 모두 아주 멋지게 해냈어요. 그러니 그 보상으로 내가 피자를 쏘죠!"

그 주 주말, 에이미의 동생 샤론이 시내에 나갈 예정인데 딸인 패티와 함께 집에 놀러가도 되겠느냐고 물었다. 조쉬에게 다른 사람과 공유하기를 가르칠 좋은 기회라는 생각이 든 에이미는 샤론에게 자신의 계획을 설명하고는 패티가 좋아하는 장난감을 하나 가져와 달라고 부탁했다.

그날 오후, 두 어머니는 아이들을 데리고 근처 공원으로 산책을 나갔다. 에이미는 조쉬가 제일 좋아하는 곰돌이 인형 마이키를 가지고 가게 해주었다. 엄마들은 벤치에 앉아 아이들이 모래밭에서 노는 모습을 지켜보았다. 에이미가 말했다.

"애들에게 장난감을 주고 무슨 일이 일어나는지 한번 볼까?"

아무 일도 일어나지 않았다. 조쉬는 마이키를 옆에 놓아두고 모래로 성을 지었고 패티는 여자아이 옷을 입은 키티 인형을 품에 안고 흔들었다.

에이미가 아이들에게 다가가 물었다.

"조쉬, 엄마가 네 마이키를 잠시만 안아봐도 될까?"

조쉬가 에이미에게 마이키를 건네주자 에이미가 말했다.

"고맙다, 조쉬. 정말 착한 아이로구나. 엄마한테 마이키를 양보해 줬네!"

그녀는 마이키를 조쉬에게 돌려준 다음 샤론에게 패티에게도 똑같은 일을 하라고 신호를 보냈다. 에이미와 샤론은 그러한 행동을 몇 번 반복했고 그때마다 아이들에게 장난감을 만져보게 해줘서 고맙다고 칭찬해주었다.

"자, 그럼 진짜는 이제부터야."

에이미가 샤론에게 윙크를 보내며 작은 목소리로 속삭였다. 그녀는 조쉬에게 마이키를 안아봐도 되겠냐고 세 번째로 물었다. 마이키를 받자 에이미는 조쉬를 칭찬했다. 그러고는 새로운 제안을 했다.

"조쉬, 엄마가 패티에게 마이키를 보여줘도 될까?"

조쉬는 패티와 마이키를 번갈아 쳐다보았다. 그러더니 조쉬는 에이미에게 다가가 마이키를 빼앗았다. 에이미는 실망했다. 하지만 다음 순간 그녀의 서글픈 표정은 기쁨의 미소로 바뀌었다. 조쉬가 제일 좋아하는 곰인형 마이키를 패티에게 내민 것이다.

"어머나, 조쉬!"

에이미가 큰 소리로 외쳤다.

"엄마는 네가 정말 자랑스럽구나!"

샤론도 뒤에서 손뼉을 치고 있었다. 이번에는 샤론의 차례였다. 패티와 키티 인형을 주고받는 연습을 한 그녀는 패티에게 에이미와 똑같은 부탁을 했다. 그러자 작고 귀여운 패티는 상냥한 미소와 함께 키티 인형을 조쉬에게 내밀었다. 두 엄마는 아이들에게 아낌없는 칭찬을 퍼부었다.

"그렇지, 패티! 잘했어, 패티!"

두 사람은 입을 모아 소리쳤다.

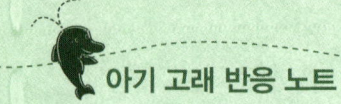

# 아기 고래 반응 노트

## 친구와 공유하는 법 가르치기

**성공을 위한 환경 조성하기**

서너 살 난 어린아이들에게 놀이는 하나의 일이며, 매우 중요한 배움과도 관련이 있다. 놀이에 열중하는 그 나이대의 아이들은 일종의 임무를 수행하고 있는 것이나 마찬가지이므로 아이들에게 장난감을 다른 사람들과 공유해야 한다고 말하는 것은 매우 무례한 요청이 될 수 있다. 한편 자녀가 어른의 설명을 이해할 만한 나이라면 미리 규칙을 정해둘 수 있다. "오늘은 네가 다른 친구들과 네 장난감을 사이좋게 같이 가지고 노는 날이야." 아이에게 선물이나 장난감을 줄 때마다 그것을 공유할 수 있는 기회를 찾아라. 앞에서 읽은 이야기처럼 아이가 당신이 원하는 행동과 비슷한 행동을 할 때마다 보상을 해줄 수 있도록 적절한 환경을 마련하고 기회를 재빨리 포착해야 한다. 다른 사람들과 함께 나누기를 가르치기 위한 첫 번째 단계는 부모들이 직접 관대한 모습을 보여주는 것이다. 당신이 직접 다른 사람들과 무언가를 공유하고 있으며 그것이 즐겁고 재미있는 일이라는 사실을 아이에게 보여주고 깨달을 기회를 줘라. 에이미와 비슷한 행동을 시도해보고, 아이가 자진하여 무언가를 포기할 때마다 칭찬을 하거나 보상해주어라.

### 실패를 무시하고 새로운 방향으로 관심 전환하기

만일 아이가 다른 사람과 함께 나누기를 거부한다면 당신이 직접 다른 아이에게 새로운 물건을 줌으로써 무언가를 함께 가지고 논다는 것이 즐거운 일이라는 사실을 보여줄 수 있다.

처음부터 아이와 함께 장난감을 가지고 놀면서 긍정적인 인식을 심어주는 것이 좋다. 나아가 아이가 편안함을 느끼는 다른 식구들과 물건을 공유할 수 있는 기회를 점진적으로 제공한다. 만약에 두 아이가 동시에 같은 장난감을 원한다면 이런 식으로 중재한다. "자,

여기 오빠 것 하나, 동생 것 하나, 내 것도 하나. 자, 그럼 내 것을 오빠한테 빌려줄 테니까, 조금 있다가 돌려줄래?"

**칭찬은 아기 고래도 춤추게 한다!**

 아이가 자진해서 무언가를 다른 사람과 공유한다는 것은 아동의 발달과정에 거대한 진전이 일어났음을 의미한다. 아이가 함께 나누기에 해당하는 모든 행동들, 즉 장난감을 다른 사람에게 건네거나 음식을 양보하는 모습을 보인다면 언제라도 진심으로 크게 칭찬해주어야 한다. 당신은 지금 아이가 배려와 우정, 비집착이라는 앞으로 평생 유지될 높은 가치를 지닌 특성을 형성하도록 돕고 있는 것이다. 따라서 이런 바람직한 행동이 나타날 때마다 즉각적으로 커다란 관심과 흥미를 보임으로써 아이의 습관을 확립해나가라. 이 발달 영역은 발전 속도가 매우 더디기 때문에 성공에 조금이라도 가까워지는 기미가 보이면 늘 보상을 해주어야 한다.

# 즐겁게 치과 가기

아이를 주눅 들게 만드는 '안 돼' 줄이기

...

우리는 형편없는 학생들이었습니다.
하지만 결국 고래들이 해냈지요.
우리를 가르친 겁니다.
우리는 오직 우리가 원하는 행동에만 반응을 보이며
보상을 주었고, 그 외의 다른 행동들은 무시하거나
관심을 전환하는 방법을 사용하기 시작했습니다.
처음에는 먹이만을 강화물로 사용했지만
시간이 지나고 각각의 고래들이 좋아하고 원하는 것을 파악하고 나자
그들과 더 친근하고 끈끈한 유대감을 쌓게 되었지요.

"안 돼!"

조쉬가 연필을 입속에 집어넣는 것을 목격한 순간, 에이미는 저도 모르게 빽 하고 소리를 지르며 부리나케 달려가 조쉬의 손에서 연필을 빼앗았다. 몇 분 뒤, 조쉬는 작은 골동품 꽃병을 집어들었고, 에이미는 다시 비명을 질렀다. 조쉬가 훌쩍거리기 시작했다. 그리고 잠시 후 지붕이 떠나가라 울음을 터트렸다. 에이미는 자신이 조쉬를 놀라게 했음을 알고 있었지만 그 꽃병은 할머니가 물려주신 아주 소중한 물건이었다. 죄책감이 일었다. 에이미는 조쉬에게 다가가 아이의 손에서 조심스럽게 꽃병을 받아들었다. 그녀는 꽃병을 조쉬의 손이 닿지 않는 높은 선반 위에 올려놓은 뒤, 아들이 울음을 그칠 때까지 따뜻하게 안아주었다.

여느 때처럼 이 젊은 엄마가 눈을 번쩍 뜨게 된 것은 직장에서 일어난 일 덕분이었다.

다음날 클린트는 훈련생들에게 범고래와 함께 일한 자신의 경험을 이야기해주었다.

"그 당시에 우리 작고 평범한 인간들은 5000킬로그램짜리 범고래에게 무엇을 해야 하는지 명령하고 있었던 겁니다. 그게 얼마나 어리석은 짓이었는지 생각해보세요! 바다에 사는 동물들 중에서도 가장 거칠고 사나운 포식자에게 '안 돼!'라고 말하고 있었으니 말입니다. 그게 미친 짓이 아니면 뭡니까?

범고래에게 무언가를 시키는 것은 사람들에게 무언가를 하도록 시키는 것과 크게 다르지 않습니다. 한마디로 아주 어려운 일이죠. 우리는 그보다 좋은 방법을 찾아야 했습니다. 바로 '부탁'을 하는 겁니다. 그런 다음 고맙다는 표시로 보상을 해주는 거지요. 이른바 리더십이니 감화니 하는 것의 목적이 뭘까요? 범고래나 사람들이 당신이 원하는 일을 자진해서 하고 싶도록 만드는 겁니다. 그 당시에 우리는 그런 개념을 막 이해하기 시작하고 있었지만 그것을 실천으로 옮기지는 못하고 있었어요. 그리고 실수는 매우 심각한 결과를 가져왔습니다. 어마어마한 범고래의 크기와 힘 때문에 실제로 우리는 다치거나 부상을 입었으니까요.

예를 들어 범고래들과 함께 풀장에 들어가야 한다고 생각하자 우리는 그제서야 이들이 얼마나 위험한 존재인지 깨달았습니다. 여러분 모두 범고래들이 서로 장난을 칠 때 얼마나 거칠고 격렬하게 노는지 알고 있을 겁니다. 함께 물속에서 헤엄을 치고 있는데 갑자기 그 중 한 마리가 당신에게 장난을 친답시고 달려든다고 생각해보십시오! 우리는 범고래들에게 우리를 다른 고래들처럼 대해서는 안 된다는 사실을 가르쳐야 했습니다. 범고래에 비하면 우리 인간은 너무나도 작고 연약하니까요. 처음에 고래들은 우리가 물속에 함께 들어와 있다는 데 너무 신이 나서 우리를 물 밖으로 내보내려고 하지 않았죠!

우린 그때 ABC 법칙에 대해 몰랐어요. 그래서 아주 원시적인 방법을 사용하고 있었습니다. 우리가 원하는 행동을 했을 때 보상을 해주는 건 지금과 다를 바가 없었지만 잘못된 행동을 무시하는 방법은 아직 배우지 못하고 있었습니다. 우리는 고래들에게 '하지 말아야 할 행동'을 가르쳐야 한다고 생각했지요."

훈련생들 사이에서 웃음이 터져 나왔다. 그들은 고래의 입장에서 선배들의 곤경을 즐기고 있었고, 클린트 또한 자신들이 얼마나 어리석었는지를 강조하고 있었다.

"우리는 형편없는 학생들이었습니다. 하지만 결국 고래들이 해냈지요. 우리를 가르친 겁니다. 우리는 오직 우리가 원하는 행동에만 반응을 보이며 보상을 주었고, 그 외의 다른 행동들은 무시하거나 관심을 전환하는 방법을 사용하기 시작했습니다. 처음에는 먹이만을 강화물로 사용했지만 시간이 지나고 각각의 고래들이 좋아하고 원하는 것을 파악하고 나자 그들과 더 친근하고 끈끈한 유대감을 쌓게 되었지요."

그날 오후 에이미는 코치인 킴 리에게 집에서 있었던 일을 털어놓았다.

"조쉬에게 항상 '안 돼'라고 소리칠 때마다 죄책감을 느껴요. 요즘 조쉬는 뭐가 눈에 띄기만 하면 손을 대는데 그게 점점 갈수록 심해지고 있거든요. 이 문제를 해결할 더 좋은 방법이 있을 것 같은데 말이에요."

킴 리가 미소를 지었다.

"여기서는 동물들한테 '안 돼'라는 말을 사용하지 않는다는 거 알아요?"

"그랬나요?"

에이미는 기억을 더듬어보았다.

"'안 돼'라는 말은 아이들이 세상을 탐험하기 시작할 때 엄마아빠한테 제일 먼저 듣는 단어죠."

킴 리가 말을 이었다.

"그 단어를 너무 자주 사용하면 문제가 생길 수 있어요."

"그 말이 맞는 것 같아요."

에이미가 말했다.

"요즘 전 조쉬한테 그 말밖에 안 하는 것 같아요. 심지어 요즘엔 제가 조쉬한테 무언가를 부탁할 때마다 조쉬도 안 된다고 대답할 지경이죠. 조쉬가 집 안을 돌아다니면서 물건을 만질 때마다 저는 안 된다는 말을 너무 자주 쓰는 것 같아요. 조쉬는 뭘 집기만 하면 입속에 넣으려고 하거든요."

킴 리는 고개를 끄덕였다.

"어린아이들은 범고래랑 똑같죠. 호기심이 왕성하고 항상 새로운 세상을 탐험하고 싶어 해요. 그리고 입은 언제나 제일 좋은 실험도구고요. 성공의 열쇠는 첫 번째 원칙이에요. 성공을 위한 환경을 조성할 것!"

에이미는 킴 리의 말을 곰곰이 생각해보았다.

"그러니까 달리 표현하자면 일단 아이가 만지거나 입속에 넣을 만한 물건이 없는 환경을 만들어야 한다는 거군요."

"그래요. 나와 내 남편도 에이미와 똑같은 단계를 겪었어요. '안 돼'라는 말을 너무 자주하면 그때마다 아이들 머리 위에 먹구름이

뜨는 것 같은 기분이 들죠. 게다가 그 말을 할 때면 늘 화가 난 듯이 큰 소리로 외치게 되잖아요. '안 돼'라는 말을 자주 들으면 들을수록 아이들은 속으로 이렇게 생각하게 되죠. '난 제대로 하는 게 하나도 없나 봐.' 그리고 그건 당신이 '원치 않는' 일에 더 많은 관심을 불러 일으키는 행위이기도 해요."

에이미는 킴 리의 말을 속으로 곱씹어 보았다.

"아이들이나 고래가 잘못한 일을 강조함으로써 그걸 각인시키고 실제로 그런 일을 반복하도록 훈련시키는 거나 마찬가지군요."

"바로 그거예요."

킴 리가 말했다.

"물론 아이들한테 '안 돼'라는 말을 아예 안 할 수는 없죠. 그렇지만 적어도 횟수를 줄일 수는 있을 거예요. 아이가 위험한 물건에 손을 대거나 입속에 집어넣지 않은 데 대해 보상을 해주면 '안 돼'라고 하는 경우가 줄어들어요. 그런 부정적인 언어를 적게 사용하게 되면 당신이 정말로 '안 돼'라고 말해야 할 때, 그 의미를 훨씬 강조할 수 있게 되죠. 예를 들어 조쉬가 좌우를 살펴보지 않고 차도로 뛰어간다거나 뜨거운 것을 만지려고 할 때 '안 돼'라고 말하는 경우처럼요. 사실 '안 돼'라는 말 자체는 나쁜 게 아니랍니다. 단지 크고 날카로운 목소리로 말하는 건 진짜 위험한 일이 생길 경우를 대비해 남겨둬야 해요."

그날 저녁 에이미는 매트에게 킴 리와 나눈 대화에 대해 말해주었다. 젊은 부부는 집 안 곳곳을 돌아다니며 조쉬가 만지면 안 될 물건들을 깨끗이 치우기로 했다. 그들은 꽤 많은 물건들을 찾아냈다. 그런 다음 모서리가 날카롭거나 조쉬를 다치게 할 만한 물건들이 있는지도 찾아보았다.

"일단 주변 환경 정리 완료!"

매트가 미소를 지으며 말했다.

"이젠 모든 게 훨씬 쉬워질 거야. 아마 안 된다고 소리치는 데 들어가는 시간이 절약되겠지."

"조쉬가 좀 더 나이가 들고 우리 말을 이해할 수 있게 되면 물건들을 제자리에 돌려놓을 수 있을 거야."

에이미가 깨끗해진 주변을 확인하며 말했다.

다음날 에이미는 고래의 구강위생 상태를 확인하는 임무를 맡았다. 그날의 환자는 커스티였다. 에이미는 요즈음 커스티의 신뢰를 얻기 위해 부단히 노력하고 있었다. 킴 리와 에이미는 커스티가 헤엄치고 있는 풀장으로 걸어갔다. 코치가 '부르기'라고 적힌 버튼을 누르자 '지금 하고 있는 일을 멈추고 내게 오렴. 그러면 보상을 받을 수 있을 거야'라는 의미가 담긴 음파가 물속으로 울려 퍼졌다. 커스티가 곧장 두 사람을 향해 헤엄쳐왔다. 에이미는 커스티에게 물고기를 몇 마리 던져준 다음, 며칠 전에 킴 리가 알려준 '입을 벌려봐' 수신호를 보냈다. 커스티가 동굴처럼 깊고 거대한 입을 쩍 벌리자 커다랗고 날카로운 이빨들이 모습을 드러냈다. 전에 킴 리가 시범을 보여준 것처럼 에이미는 커다란 구강세정기를 사용해 커스티의 잇몸과 이빨 주위를 조심스럽게 닦아주었다.

"정말 대단해요."

에이미가 말했다.

"내 손길에 전혀 신경을 쓰지 않네요."

"불쾌함을 느끼지 않도록 훈련시켰기 때문이죠."

킴 리가 말했다.

"우리는 커스티에게 입을 벌리고 있으라고 지시한 뒤에 커스티가 입 안 여기저기를 찌르는 느낌에 익숙해질 수 있도록 시간을 들여 입 안의 모든 부위를 만지고 건드려봤어요. 시간이 흐르자 커스티는 우리가 입 안에 도구를 집어넣어 이빨을 청소하는 데 익숙해졌지요. 그래서 별 일이 아니라고 생각하는 거예요."

"그런 둔화 과정을 가르치려면 시간이 오래 걸리나요?"

에이미가 커스티의 뒤쪽 이빨을 닦으며 물었다.

"훈련생이 고래한테 단번에 써먹을 만한 방법은 아니죠."

킴 리가 대답하고는 재빨리 덧붙였다.

"물론 이제는 에이미도 우리가 이렇게 이빨을 닦을 수 있게 되기까지 어떤 사전 작업을 했는지 알고 있겠죠?"

에이미는 아무 대꾸도 하지 않았다.

"그렇죠?"

킴 리가 다시금 물었을 때에야 에이미는 비로소 자신이 시험을 당하고 있다는 사실을 깨달았다.

"어, 그럼요."

에이미는 서둘러 머리를 굴렸다.

"먼저 커스티한테 재미있는 일을 잔뜩 할 수 있게 해주었을 거예요. 그때마다 코치님은 커스티를 여기로 데려와서 이 공간이 재미있고 좋은 곳이라는 인식을 심어주었을 거고요. 그런 다음 입을 벌리도록 훈련을 시켰고, 이빨을 닦는 행위에 익숙해지도록 만든 거죠."

킴 리는 아무 말도 하지 않았다.

"제가 틀렸나요?"

에이미가 물었다.

"뭐 빠트린 거라도……?"

"음, 커스티가 조금이라도 진전을 보일 때마다 부정기적으로 칭찬을 해줬다는 점을 빠트렸네요. 하지만 에이미는 이제껏 우리가 어떻게 하는지 계속 봐왔으니까 이해하고 있을 거예요. 그래요, 아주 잘했어요."

그날 저녁 집으로 돌아오는 길에 에이미는 조쉬를 어떻게 치과에 데려가야 할지 생각했다. 집에 도착하자 그녀는 담당 치과의사에게 다음날 점심시간에 자신의 휴대전화로 전화를 해달라는 메시지를 남겼다.

"여보세요, 레닝 선생님?"
에이미는 전화기 화면에 뜬 이름을 확인하고 전화를 받았다.
"전화해주셔서 감사해요."
"안녕하세요, 에이미."
레닝의 친근한 목소리가 들려왔다.
"잘 지내죠?"
"네, 잘 지내고 있어요. 사실 제가 전화를 드린 건 이번 달에 우리 아들 조쉬가 처음으로 치과 검진을 받아야 할 것 같아서요. 며칠 뒤 데리고 가서 치과가 어떤 곳인지 시험 삼아 미리 보여주고 싶은데 선생님한테 상의를 드리려고요."

"그러니까 아이가 검진을 받기 전에 병원과 내게 익숙해지게 하고 싶다는 말씀이십니까?"

레닝이 물었다.

"네, 바로 그거예요. 혹시 병원 대기실이나 진찰실에 인형이나 아이가 흥미를 느낄 만한 물건을 준비해두실 수 있을까요?"

레닝은 에이미의 계획을 마음에 들어 하는 것 같았다.

"이 말을 꼭 하고 싶군요, 에이미."

그가 말했다.

"더 많은 부모들이 에이미 같이 생각해준다면 정말 좋겠어요. 치과를 처음 방문했을 때의 경험이 어린아이에게 얼마나 중요한지 모를 거예요. 하지만 내가 아무리 상냥하고 친절하게 대해도 생각대로 되지가 않더라고요."

조쉬의 치과 방문 계획에 대해 깊은 이야기를 나눔에 따라 레닝은 점점 더 열정을 불태우기 시작했다.

"음악을 트는 건 어떨까요? 조쉬가 좋아하는 음악은 없나요? 그 CD를 틀면 좋을 것 같은데. 또 조쉬가 특별히 좋아하는 캐릭터라든가 주제가 있으면 대기실을 아예 그런 식으로 꾸며도 될 것 같습니다."

전화통화가 끝났을 무렵, 두 명의 공범자들은 조쉬에게 제일 좋아하는 슈퍼히어로 복장을 입히고 조쉬가 그 옷을 입을 때면 항상 배경음악으로 트는 주제음악을 가져가기로 했다. 조쉬가 사랑하는 곰인형 마이키가 턱받이를 하고 진찰의자에 앉아 있으면 조쉬도 그걸 보고 스스로 의자 위로 올라가지 않을까? 레닝 선생은 치료에 쓰이는 치과용 도구들을 늘어놓을 테지만 실제로 사용하지는 않을 것이다. 이번 방문은 그저 조쉬가 치과에 익숙해지도록, 재미있는 곳이라는 느낌을 받도록 하기 위한 것이기 때문이었다.

그리하여 마침내 처음으로 조쉬가 치과를 방문한 날, 커다란 소동은 벌어지지 않았다. 2주일 뒤 조쉬의 진찰날짜를 예약하면서 에이미와 레닝은 서로에게 살짝 윙크를 보냈다.

"레닝 선생님 어때? 마음에 들었니?"

집으로 오는 길에 에이미는 조쉬에게 물었다.

"응! 조아!"

조쉬가 열렬한 감정을 담아 대답했다.

에이미는 미소를 짓고는 뿌듯한 기분을 한껏 만끽했다.

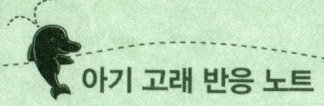

**아기 고래 반응 노트**

아이를 주눅 들게 만드는
'안 돼' 줄이기

**성공을 위한 환경 조성하기**

아이를 너무 자주 꾸짖거나 나무라거나 '안 돼'라는 단어를 사용하지 않기 위해 노력하는 것은 충분히 그만한 가치가 있다. 그것은 여러분이 아이들에게 '나쁜 경찰' 역할을 하지 않도록 도와주기 때문이다. 때로는 아이의 관심을 전환시키기 위해 "안 돼"라고 말하기 전에 아이의 이름을 부르는 방법을 사용할 수도 있다. 부정적인 말을 할 필요가 없도록 아예 아이가 만져서는 안 될 물건들을 미리 치우도록 하자.

아이에게 새로운 환경을 소개할 때는 에이미가 조쉬를 치과에 미리 데려간 것처럼 재미와 즐거움을 강조하자. 그렇게 한다면 대개 성공을 거둘 수 있다. 이러한 방법은 '핵심 기억'을 강조하는 것인데, 핵심 기억이란 사람이나 물건 혹은 환경의 첫 인상을 그에 대한 느낌과 연관시키는 것이다.

### 실패를 무시하고 새로운 방향으로 관심 전환하기

만일 아이가 당신이 원치 않는 물건에 손을 대거나 장난을 친다면 장난감 등 아이의 흥미를 끌 수 있는 다른 물건을 주도록 한다. 하지만 좋지 않은 행동을 보상하지 않도록 늘 주의하라. 병원이나 치과 등 불안한 상황에 처하면 아이들은 대개 부모의 반응을 살피기 마련이다. 만약 당신이 긴장을 풀고 침착한 모습을 보이며 이 상황을 재미있는 것으로 치부한다면 당신의 자녀 역시 비슷한 태도를 취하게 될 것이다.

### 칭찬은 아기 고래도 춤추게 한다!

아이가 당신의 지시에 따라 '금지' 항목으로 정해놓은 물건에 손을 대지 않는 장면을 목격할 때마다 아낌없이 칭찬을 해준다. 고래 칭찬 스티커나 크레용, 다른 작은 선물들을 보상으로 줄 수도 있다.

고래를 훈련시킬 때 올바른 행동을 확립하는 열쇠는 바로 즉각적인 보상이다. 그러므로 그런 고래 칭찬 보상들을 항상 몸에 지니고 다니기 바란다. 그래야 아이가 올바른 행동을 했을 때 그 자리에서 곧장 보상을 해줄 수 있기 때문이다. 병원이나 치과에 갈 때는 그곳이 재미있다는 사실을 알려줄 수 있는 '시험' 방문을 추천한다. 후에 아이가 '진짜' 방문을 성공적으로 해낸다면 크게 축하해줘라.

## 칭찬은 모두를 춤추게 한다

### 9장

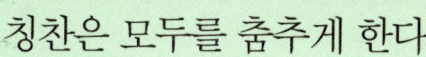
나이를 초월한 고래 반응 기법의 효과

우리는 아이들을 관찰하고 파악해야 해요.
언제 착하고 바람직하게 행동하는가?
그 순간을 잡아내어 칭찬하거나
안아주는 것으로 보상을 해주기 위해서는
어떤 환경을 마련해야 하는가?
우리가 아이들에게 해줄 수 있는 보상이나 강화 중에서
아이들이 가장 중요하고 의미 있게
받아들이는 것은 무엇인가?
성공을 위한 환경을 마련하는 것은
부척 중요한 난계이기 때문에 매우 신중하게 준비해야 합니다.

현대 사회에서 으레 그렇듯, 셸드레이크 부부의 이웃들은 그다지 잘 알고 지내는 사이가 아니었다. 부부들은 거의 예외 없이 맞벌이를 했기 때문에 온종일 집을 비웠고 밤이나 주말에야 가족들과 함께 시간을 보냈다. 에이미와 매트도 가까운 이웃 몇 명과 인사를 하긴 했지만 다른 이들에 대해서는 아는 것이 거의 없었다. 그런데 이 동네에는 독특한 행사가 있었다. 그것은 바로 주민 파티였다.

그들이 사는 거리에는 몇 달에 한 번씩 동네 회람이 돌곤 했다. 그리고 이번 달에는 누구의 집에서 언제 포트럭 파티(각자 음식을 가져오는 파티_옮긴이)가 열리는지를 알리는 내용이었다. 파티는 늘 즐거웠고, 매트와 에이미는 동네 사람들과 조금이나마 더욱 가까워질 수 있어 무척 기뻤다. 하지만 그때까지도 그들은 이번 파티가 다른 부모들에게 아기 고래도 춤추게 하는 칭찬 양육 방식에 대해 알려줄 기회가 되리라고는 상상조차 하지 못하고 있었다.

조쉬와 함께 파티가 열리는 집까지 걸어간 두 사람은 현관 앞마당에 사람들이 잔뜩 모여 있는 것을 발견했다. 테이블 위에는 맛있어 보이는 음식이 가득했고, 사람들은 먹고 마시며 즐겁게 떠들고 있었다. 매트와 에이미는 자신들이 가져온 음식 접시를 테이블 위에 올려놓았다. 그때 그들보다 약간 나이가 많음직한 부부가 말을 걸어 왔다.

"안녕하세요."

남편쪽에서 먼저 말을 걸었다.

"난 테드 윌킨스라고 합니다. 그리고 이 쪽은 내 아내 마지에요."

그는 길 건너편에 서 있는 커다란 집을 가리키며 말했다.

"저기가 우리 집이에요. 두 분이 바로 에이미와 매트 셸드레이크 씨죠?"

"그렇습니다."

"난 슈퍼히어로에요!"

조쉬가 처음 보는 아저씨아줌마에게 큰소리로 외쳤다.

마지가 미소를 지었다.

"우리 집에도 슈퍼히어로들이 있단다."

그녀는 싱긋 웃으며 에이미를 향해 다시 몸을 돌렸다.

"사실은 거기에 대해 에이미 씨하고 하고 싶은 말이 있어요. 씨월드에서 일하시죠?"

에이미는 미소 띤 얼굴로 고개를 끄덕였다.

"정말 근사한 일을 하시네요. 그게……."

마지는 머뭇거리며 남편을 쳐다보았다.

"저기, 그쪽 옆집에 사는 친구한테 들었는데요. 도나와 짐 자코모 아시죠? 그 친구들이 그러는데 두 분이 조쉬를 키우는 데 고래를 훈련시키는 방법을 이용하신다면서요?"

에이미와 매트는 서로의 얼굴을 마주보았다.

"어, 네. 그래요. 그렇지만 우린……."

"오, 아니에요. 긴장하지 마세요."

테드 윌킨스가 재빨리 끼어들었다.

"우린 그게 정말 좋은 방법이라고 생각한답니다."

바로 그때 두 소년이 낄낄거리면서 완전히 흥분한 상태로 달려오더니 마지와 테드를 붙잡고 숨바꼭질을 하기 시작했다. 한 아이가 다른 한 아이를 잡으려고 용을 쓰고 있었는데 둘 다 엄마아빠를 방패로 사용하고 있었다. 윌킨스 부부는 이 작은 무법자들을 달래려고 했지만 발갛게 달아오른 얼굴로 놀이에 열중한 아이들은 부모의 말을 들을 생각조차 하지 않고 부산스럽게 뛰어다니며 어른들 뒤에 숨어 서로를 잡으려고 했다. 마침내 참다 못한 테드가 커다란 목소리로 호통을 쳤다.

"이제 그만! 너희 둘 다 당장 그만두고 얌전하게 굴지 못하겠니? 이웃집 아저씨아줌마한테 인사드려야지."

하지만 아이들은 다시 소리를 지르며 어른들 사이로 요리조리 피하며 다른 쪽으로 달아나버렸다. 주변 어른들은 소년들이 거칠게 부딪치는 바람에 손에 든 종이접시의 음식을 떨어뜨리지 않으려고 안간힘을 써야 했다.

마지의 얼굴이 부끄러움으로 발갛게 물들었다.

"우리 애들이랍니다. 스티브는 열한 살이고 가브리엘은 열 살이죠. 바로 쟤네들 때문에 두 분의 고래 반응 교육법에 대해 알고 싶은 거랍니다."

마지가 말하는 동안, 그녀의 남편은 저쪽에 서 있는 몇몇 사람들에게 손짓을 했다. 이웃 사람들이 다가오자 테드가 말했다.

"여러분, 이쪽은 셸드레이크 부부입니다. 에이미는 씨월드에서 일한답니다."

에이미와 매트가 처음 보는 이웃들과 인사를 나누고 있는데, 테드가 덧붙였다.

"마지와 나는 에이미에게 범고래를 훈련하는 방식을 애들을 교육하는 데도 적용할 수 있을지 물어보려던 참이었습니다."

좌중이 잠시 조용해졌다. 뒤쪽에 서 있던 남자 하나가 웃음을 참는 목소리로 말했다.

"예, 그렇겠죠. 그럼 애들을 어떻게 가르치죠? 생선으로?"

그 말에 몇몇 사람들이 웃음을 터트렸다. 하지만 에이미는 그다지 마음 상하지 않았다. 그녀는 사람들과 함께 웃으며 부드럽게 말했다.

"아뇨, 그런 일은 안 해요. 하지만 우리 세 살배기 아들한테서는 상당한 효과를 봤죠."

사람들이 조금씩 관심을 보이기 시작하자, 매트가 말했다.

"제가 에이미에게 배운 바에 따르면 모든 건 어디에 관심을 쏟느냐에 따라 달라집니다. 조쉬가 장난감 정리한 이야기를 해봐, 여보."

에이미는 조쉬가 방 안을 난장판으로 만들어 놓았을 때는 과감히 무시하고 장난감을 정리했을 때 크게 칭찬을 해줬다는 이야기를 들려주었다. 여기저기서 고개를 끄덕이더니 더 많은 부모가 그녀의 이야기에 귀를 기울이기 시작했다.

한 여자가 말했다.

"내 이름은 레티샤에요. 아이를 혼자 키우는 싱글맘이고요. 난 요즘 우리 아들 알렉스가 입을 열 때마다 욕설을 내뱉어서 골치를 썩고 있어요."

그녀는 테이블 옆에서 열심히 음식을 먹어대고 있는 키 큰 십대 소년을 가리켰다.

"그 방법이 십대들에게도 통할까요? 만약 그렇다면 어떻게 해야 하죠?"

"레티샤, 혹시 당신도 그런 종류의 말을 사용하시나요?"

에이미가 물었다.

레티샤는 그 말에 순간적으로 당황하더니 잠시 후 대답했다.

"글쎄요, 아마 저도 모르게 가끔씩은 그러지 않을까요?"

"바로 거기서부터 성공을 위한 환경을 조성해야 해요. 당신이 원치 않는 행동을 강화시킬 수 있는 모든 걸 없애는 거예요. 그러니까 먼저 레티샤부터 욕설을 하지 않도록 조심해야 해요. 깜빡 실수로 나쁜 말이 튀어나오면 알렉스에게 사과를 하면 돼요."

레티샤는 생각에 잠겨 대답했다.

"그래요, 그 정도라면 할 수 있을 것 같군요."

"또 하나 제가 추천하는 건 아들과 마주 앉아서 그 문제에 대해 차분하게 대화를 나누는 거예요. 이를테면 저녁에 특별히 알렉스가 좋아하는 메뉴를 준비한 다음 이렇게 말할 수 있겠죠. '엄마한테 네

도움이 필요한 일이 생겼단다, 얘야. 알다시피 엄마는 네가 욕을 하는 게 마음에 안 드는구나. 물론 엄마도 가끔씩은 나도 모르게 그런 말을 하곤 하지. 다음부터는 내가 그런 말을 할 때마다 네가 지적해줬으면 좋겠다. 대신에 앞으로 네가 욕을 해도 너한테 소리를 지르거나 야단을 치지 않으마. 그렇지만 그건 네가 알아서 잘할 수 있으리라 믿는다.' 이런 식으로 알렉스에게 당신이 그 애의 행동을 좋아하지 않는다는 걸 알려주는 겁니다. 진짜로 강력한 방법을 쓰는 건 그 다음부터예요."

"그게 뭔데요?"

"관심의 대상을 전환하는 거죠. 그러니까 알렉스가 욕을 할 때 야단을 치는 게 아니라 알렉스가 욕을 '하지 않을 때' 칭찬을 해주는 겁니다. 말하자면 지나가는 투로 이렇게 말하는 거예요. '요즘 욕 안 하기 규칙을 지키려고 열심히 하고 있더구나. 노력해줘서 고맙다, 얘야.' 아이가 규칙을 지키지 않는다면 다시 한 번 함께 앉아서 지난번에 한 약속을 상기시키세요. 집안에서 욕하는 걸 용납하지 않겠다고 분명히 말하면서도 대신 약속을 지킨다면 보상을 해주겠다고 강조하는 겁니다. 그리고 알렉스가 얼마나 노력을 하고 있는지 항상 눈여겨보세요. 만약 알렉스가 당신이 있는 자리에서 욕을 하려다가 잘못하다는 걸 깨닫고 입을 다물면 칭찬해주세요. 아이가 잘못한 일을 무시하고 잘한 일로 관심을 돌리면 정말 마법과도 같은 효과를 얻을 수 있답니다. 우린 그걸 고래 효과라고 부르죠."

갑자기 주위가 고요해졌다. 부모들은 각자 에이미의 충고를 되새겨보고 있었다. 그때 처음에 우스갯소리를 했던 남자가 입을 열었다.

"내 이름은 짐입니다. 솔직히 말해서 잘못한 일에는 신경을 '끄고' 잘한 일에만 관심을 많이 쏟으라니……, 내 상식하고는 너무 반대라서 오히려 효과가 있을지도 모르겠다는 생각이 드는군요."

"우리 딸 제스가 스스로 숙제를 하게 하려고 별짓을 다해봤지만 아무런 소용도 없었어요."

그의 부인이 말했다.

"그 방법을 한번 써봐야겠네요."

"그래요. 하지만 아이에게 숙제를 하는 게 왜 중요한지 꼭 설명해주어야 해요. 그런 다음 아이가 숙제를 할 수 있도록 주변 환경을 조성해주는 것도 잊지 말고요. 숙제하는 시간을 정해 놓고―학교에서 돌아온 뒤 텔레비전을 보거나 다른 일을 하기 전에 곧장 하는 게 좋겠죠.― 계획을 반드시 지켜야 합니다. 숙제를 끝내고 나면 항상 엄마한테 말해달라고 하세요."

짐이 입을 열었다.

"그러니까 제스가 어쩌다가 알아서 숙제를 하면 그걸 칭찬해주

면 되는 거죠?"

"네."

에이미가 대답했다.

"제스가 약속을 지키면 기회가 생길 때마다 반드시 칭찬을 해주세요. 그리고 혹시 이 숙제 문제에 관해 너무 걱정을 많이 하는 건 아닌지 자기 자신을 돌아보도록 하세요. 가령 제스가 학교 숙제를 아예 하지 않나요? 만일 그런 거라면 제스의 선생님이 연락을 하셨겠죠. 숙제에 관한 한 제스에게 아무 참견도 하지 마세요. 전 '참견하다'는 말을 싫어하지만 사실 애를 키우는 부모들은 다들 그렇잖아요. 딸이 알아서 하도록 맡겨둔다면 진짜 변화가 일어날 거예요. 그러다 어느 날, 여러분은 식탁에서 이런 대화를 나누게 되겠죠. '요즘 제스가 혼자서도 숙제를 참 잘해요' 그러면 다른 한 분이 제스에게 이렇게 말하는 거죠. '와우! 대단하구나, 제스!' 그런 식으로 강화가 이루어지는 거랍니다."

누군가가 다시 질문을 던졌다.

"그 동물조련법에 대해 좀 더 자세히 말해줄 순 없나요?"

"그럼요."

에이미는 사람들의 관심에 조금씩 긴장이 풀어지는 것을 느끼며 말했다.

"우리가 ABC 법칙이라고 부르는 게 있어요. A는 활력소를 뜻하는데, 그건 행동을 뜻하는 B를 이끌어내죠. C는 그 행동의 결과로 나타나는 결과 반응을 의미해요. 우리는 이 세 가지 요소 중에서 마지막 C를 가장 중요하게 여겨요. 그럼 이 원칙이 여러분이 아이들이 하지 말아줬으면 하는 행동에 어떻게 작용하는지 한번 알아볼까요? 지금쯤 머릿속에 다들 하나쯤 떠올리셨을 것 같은데."

폭소가 터져나왔다.

"내가 한번 말해보죠."

한 사람이 입을 열었다. 에이미와 길 건너 맞은편 집에 사는 조 트레버스였다.

"우리 아들녀석이 여동생을 너무 심하게 놀리는데 그것 때문에 미칠 것 같아요."

"좋아요. 동생을 놀리는 건 행동이죠. 그렇다면 그 행동의 활력소는 뭔가요?"

"딸이 하는 모든 일이죠. 이를테면 딸애가 좋아하는 텔레비전 프로그램을 보고 있으면 아들애는 그걸 '갓난애들용' 프로라고 부릅니다."

"알겠어요."

에이미가 말했다.

"A는 여동생이 하는 모든 일이고, B는 오빠가 여동생을 놀리는 거군요. 그렇다면 C는요?"

"간단하죠."

조가 말했다.

"내가 아들녀석에게 그만하라고 소리치는 겁니다. 당장 그만두지 않으면 용돈을 줄이거나 텔레비전을 못 보게 할 거라고 말이죠."

"C는 고함과 협박이군요. 그게 통하던가요?"

"아직까지는 전혀요."

주의 대답에 에이미가 고개를 끄덕였다.

"그 결과를 바꾸고 싶다면 어떻게 해야 할까요?"

"방금 당신이 말한 대로 아들애가 딸애를 놀리는 행동을 무시해야겠죠. 하지만 그렇게 하려면 난 아마 귀마개를 해야 할 겁니다."

"사소한 거라면 무시하세요. 하지만 말이 너무 심하거나 딸이 상처를 입을 정도라면 부모로서 그걸 가만히 내버려두어서는 안 되죠. 그러니까 먼저 아들에게 동생을 놀리는 행위가 잘못된 것이라는 걸 알려주어야 해요. 관심과 에너지를 '전환'시키는 겁니다. 아들과 차분하게 앉아 이야기하면서 아이의 착한 마음에 호소하세요. '어째서 여동생에게 잘해주지 않니? 네가 동생에게 더 잘해준다면 그 애도 네게 더 잘해줄 텐데. 그렇게 생각하지 않니?' 아들이 그 말에 동의한다면 아이의 기운을 북돋아주세요. '자, 이제야 말이 좀 통하는구나!'"

조는 고개를 끄덕였다.

"그렇다면 동생을 놀리는 잘못된 행동을 무시하고 관심을 전환하는 것 외에 어떤 방법을 사용해야 할까요?"

"아들이 딸에게 잘 해줬을 때 그걸 칭찬해주는 겁니다. 하긴 지금 생각해보니 아들이 딸아이를 무척 좋아하는 것 같아요. 가끔은 진짜 잘해주거든요."

"그럼 아들이 동생에게 잘해주는 걸 보면 어떻게 하시겠어요?"

"잘했다고 호들갑을 떨며 칭찬해줘야겠죠, 아마도."

"바로 그거예요. 전 당신이 이 문제에 대해 딸과도 이야기를 나눠봐야 한다고 생각해요. 결국 오빠가 동생을 놀렸을 때 나타나는 결과는 여자애가 화를 내거나 짜증을 내는 거니까요. 그러니 딸에게 오빠가 자기를 놀리더라도 무시하라고 하세요. 부정적인 결과를 제거하는 건 해결책의 가장 큰 요소 중 하나거든요."

다시금 침묵이 이어졌다. 모두가 이 새로운 철학을 골똘히 생각하고 있다는 증거였다.

"이런 이야기로 파티를 엉망으로 만들고 싶지 않네요."

에이미가 말했다.

"하지만 성공에 대한 보상 단계로 넘어가려면 먼저 부모들이 자녀들에 대해 잘 알고 있어야 해요. 전 인간과 동물을 비교하고 싶지 않아요. 실제로 우리는 동물들처럼 행동하지 않으니까요. 하지만 행동 변화라는 분야에 있어서는…… 사람과 동물은 무척 비슷하답니다. 우리는 관심에 반응하니까요. 조의 아들이 여동생에게 잘 해주도록 만들기 위해서는 우선 아이의 행동을 유심히 관찰해야 해요. 또한 그것을 어떻게 보상할 것인지에 대해서도 늘 고민하고 있어야 하구요."

"잠깐만요."

레티샤가 끼어들었다.

"당신 말은 조가 방금 말한 대로만 한다면 남자애가 여동생을 놀리는 걸 당장 멈출 거라는 건가요?"

그때 파티의 주최자인 테드가 입을 열었다.

"아마 곧바로 멈추지는 않겠죠. 하지만 예전과 다른 행동을 하고 있다는 것을 부모가 알아주고 거기에 대해 충분히 보상을 해준다면 곧 아이도 그게 무슨 뜻인지 깨닫게 될 겁니다. 아마 이렇게 생각하게 되겠죠. '흠, 이거 재미있는데. 내가 동생을 놀릴 때마다 아빠와 동생이 날 무시해. 하지만 동생한테 잘해주면 칭찬을 받는단 말이야. 뭔가 연관이 있는 게 틀림없어.' 애들은 바보가 아니에요. 어떻게 하면 부모의 관심을 얻을 수 있는지 금방 알게 될 겁니다."

사람들의 미소와 끄덕임을 보니 테드의 설명이 통한 것 같았다.

"고마워요, 테드."

에이미가 말했다.

"아까 제가 그런 접근 방식에 대해 설명했을 때 많은 분이 놀라셨을 거예요. 왜냐하면 그건 우리가 보통 사용하는 방식과는 완전히 반대니까요. 하지만 제가 일하는 곳에서 그런 교육법이 효과를 거두는 것을 목격했을 때, 전 우리 아들 조쉬가 문제 행동을 하는 데 대해 어느 정도 제게 책임이 있다는 사실을 깨닫게 되었죠. 매트와 제가 그 애가 잘못했을 때 반응하는 걸 그만두고 잘한 일에만 보상을 해주기 시작하자 금방 변화가 나타나더라고요."

"생각하면 할수록 맞는 이야기라는 생각이 드네요."

레티샤가 말했다.

"제 상사는 다른 사람들이 내가 원하는 일을 하게 만들려면 '그들이 잘한 일을 알아내야 한다'고 말해요. 그 점만 명심한다면 모든 게 잘 될 거예요."

에이미가 싱긋 웃었다.

"우리에게 들려주고 싶은 중요한 이야기는 더 없나요?"

테드가 중재자의 역할을 맡아 물었다.

"여러분이 관심만 있다면요."

에이미가 말하자 사람들이 고개를 끄덕였다.

"하나는 성공을 위한 환경을 조성하라는 거예요. 제가 일하는 씨월드에서는 고래들이 우리가 원하는 행동을 할 때까지 기다린다거나 억지로 시키는 대신 올바른 행동을 할 수 있도록 주변 환경을 신중하게 조절하는 데 집중하지요. 우리는 범고래들을 가까이서 아주 주의 깊게 관찰해요. 각각의 고래들이 어떤 버릇을 가지고 있는지, 어떤 시간대에 움직이고 신체시계는 어떤 식으로 작동하는지, 뭘 좋아하고 뭘 싫어하는지 등등을 알아내기 위해서죠. 한 고래가 좋아하는 보상이 다른 고래한테는 통하지 않을 수도 있어요. 범고래들은 각자 다른 배경과 성향을 가진, 별개의 인격체들이에요. 마치 우리들처럼요.

마찬가지로 우리는 아이들을 관찰하고 파악해야 해요. 언제 착하고 바람직하게 행동하는가? 그 순간을 잡아내어 칭찬을 하거나 안아주는 것으로 보상을 해주기 위해서는 어떤 환경을 마련해야 하는가? 우리가 아이들에게 해줄 수 있는 보상이나 강화 중에서 아이들이 가장 중요하고 의미 있게 받아들이는 것은 무엇인가? 이렇게 성공을 위한 환경을 마련하는 것은 무척 중요한 단계이기 때문에 매우 신중하게 준비해야 합니다."

"그러니까 특정 음식이나 장난감, 놀이가 보상이 된다는 거죠?"
마지가 물었다.

"맞아요. 명심하세요, 여러분. 이건 결코 쉬운 일이 아니에요. 우리 부모들은 늘 부정적인 태도로 아이들의 나쁜 행동을 지적하고 나무라는 경향이 있죠. 긍정적인 태도를 유지하는 것은 그보다도 훨씬 어렵고 더 많은 시간과 노력이 필요해요. 그렇지만 보다 좋은 결과를 얻을 수 있고 효과도 훨씬 오래간답니다. 우리 아이들을 상처 입히는 게 아니라 부모자식 간에 더욱 좋은 관계를 형성할 수 있도록 도와주죠."

"전 혼자 아이를 키우고 있습니다만, 오늘 들은 이야기가 정말 큰 도움이 될 것 같습니다."

저쪽 끝에서 한 남자가 말했다.

"아무래도 가장 큰 과제는 저 자신부터 바꾸는 것 같군요. 아이들이 내가 좋아하지 않는 행동을 할 때마다 대응하는 걸 그만둬야겠어요. 더 정확히 말하자면 그걸 무시해야겠죠. 많이 어려울 것 같습니다. 그래도 우리 아이들이 뭔가를 잘할 때마다 그것을 알아내고 칭찬해줄 수 있는 방법을 반드시 찾아낼 겁니다."

여기저기서 동의의 목소리가 튀어나왔다. 사람들은 에이미에게 고맙다고 말하고는 방금 들은 이야기에 대해 의견을 나누며 삼삼오오 흩어졌다.

집으로 돌아오는 길에 매트가 에이미에게 말했다.

"오늘 정말 멋졌어, 여보."

에이미가 미소로 답하며 말했다.

"뭔가를 배우는 최고의 방법은 다른 사람들에게 가르치는 거라고 했는데, 정말 그 말이 맞는 것 같아."

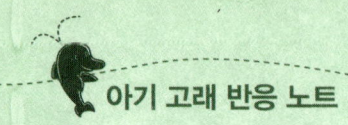

# 나이를 초월한 고래 반응 기법의 효과

**성공을 위한 환경 조성하기**

비록 이 책이 주로 아이들에게 고래 반응 기법을 적용하는 데 중점을 두고 있긴 하지만 우리는 행동과학에 기반을 둔 이 놀라운 방식이 연령이나 경험에 따라 적절히 변형됨으로써 거의 모든 사람들에게 적용될 수 있다는 점을 강조하고 싶다. 그것은 이 세상 모든 사람이 행복을 추구하고 "내게 무엇이 이득인가?"라는 질문에 대한 해답을 찾고 있기 때문이다.

자신이 잘해낸 일에 대해 인정받고 칭찬받고 싶은 마음은 곧장 동기 부여로 이어진다. 당신의 자녀가 당신과의 약속을 편안함과 즐거움, 행복한 기분과 결부시키도록 도와줘라. 행동을 변화시키는 과정 자체를 일종의 게임으로 만들어 밝고 즐거운 분위기를 유도하고 도전의식을 심어줘라. 아이의 능력과 생각, 반응을 신중하게 고려한 한 발 앞선 계획이 성공적인 결과를 이끌어내는 지름길이다.

**실패를 무시하고 새로운 방향으로 관심 전환하기**

어린아이들의 경우에는 적절한 타이밍에 관심을 전환하는 것이 중요하다. 그보다 나이가 많은 아이들이나 어른들은 이성과 설득을 사용하라. 청소년기 아이들의 행동을 변화시킬 때는 언어적 의사소통이 커다란 부분을 차지한다. 아이의 문제 행동에 대한 당신의 감정을 진솔하게 표현하되 (이를테면 실망과 같은) 비난을 하는 듯한 말투를 삼가고, 아이의 행동이 당신과 가족, 다른 사람들에게 미치는 영향을 설명하라. ("네 성적표를 볼 때마다 엄마는 조금 마음이 아프구나. 난 네가 이것보다 훨씬 잘 할 수 있다고 믿기 때문이야.") 아이에게서 원하는 행동이 나타나지 않는다면 언제든지 당신이 사용하는 방식을 검토하고 재평가해보아야 한다. 될 수 있는 한 최선을 다해 아이에게 보상해줄 수 있는 기회를 찾아라.

**칭찬은 아기 고래도 춤추게 한다!**

  경험을 통해 당신의 자녀가 좋아하는 반응을 파악하고 그것을 활용하라. 가령 수많은 형제자매들 중에서도 첫째는 언어적인 칭찬에 가장 잘 반응하는 반면, 둘째는 가족들과 함께 시간을 보내는 것을 선호할 수도 있고, 셋째는 자신의 취미인 새로운 연장세트를 제일 반길지도 모른다.

# 새로운 식구와 친해지기

## 아이의 교감능력을 키우는 애완동물 돌보기

아이들은 강아지의 폭신한 귀와 흔들리는 꼬리를 보면
붙잡아야 할 것으로 생각하나봐.
그리고 힘 조절을 못하기 때문에
꼬리를 힘껏 붙잡고 비틀거나 잡아당겨 버리지.
당연히 강아지는 그걸 좋아하지 않고 말이야.
사실 어린아이들의 그런 행동이 어린 강아지한테는
작은 인간은 '나를 아프게 한다'는 인식을 심어줄 수 있지.
그러니까 우리는 조쉬랑 음, 아직 이름을 지어주진 않았지만
이 작은 친구가 잘 지내도록 훈련을 시켜야 해.

아침부터 비가 추적추적 내리고 있었다. 씨월드에서 일하는 조련사들과 훈련생들은 실습실에 모였다. 수석조련사 클린트가 말했다.

"지난번에 여러분 중 몇 명이 범고래의 구강위생 상태를 점검하는 걸 봤어요. 그 모습을 보니 그 절차가 내가 처음 이 일을 시작했을 때와 얼마나 많이 달라졌는지 실감이 나더군요."

"그때는 대통령이 누구였나요, 클린트?"

조련사 코치 제리드가 방 뒤쪽에서 물었다.

"조지 워싱턴?"

씨월드의 직장 문화 중에서 가장 훌륭한 것 중 하나는 유쾌하고 재미난 농담이었고, 제러드의 우스갯소리는 방 전체에 폭소를 불러일으켰다.

"기억이 잘 안 나는데."

클린트가 대꾸했다.

"마차를 타고 다녔다는 건 희미하게 기억나지만……. 어쨌든 그때를 생각하면 우리가 얼마나 순진했는지 아직도 믿을 수가 없어요. 요즈음에 비하면 범고래에 대한 기초적인 지식마저 전무한 상태였으니까요. 우리는 정석대로 시행착오를 거치며 나아가고 있었죠.

아시다시피, 아기 고래를 훈련시킬 때 우리는 물속에서 녀석들과 많은 시간을 보냅니다. 새끼는 물론 어미 고래와 신뢰를 쌓기 위해서죠. 어미의 신뢰를 얻는 게 가장 중요합니다. 어미가 작고 사랑스러운 새끼를 안심하고 우리와 함께 놀도록 놔두기 위해서는 엄청난 수준의 신뢰관계가 형성되어 있어야 하니까요."

클린트는 잠시 말을 멈추고 미소를 지었다.

"이곳에 처음으로 아기 고래가 태어났을 때가 생각나는군요. 1985년이었죠. 난 아기 고래가 태어나는 장면을 찍으러 카메라를 들고 물속으로 들어갔어요. 생각해보십시오. 어미 고래가 막 새끼를 낳으려는 순간, 바로 그 옆에서 비디오를 찍고 있었다고요. 난 어미 고래가 엄청난 고통을 겪고 있다는 사실을 깨달았지만 그래도 이제까지 녀석과 쌓아온 신뢰관계가 있으니 괜찮다고 생각했어요. 하지만 어미는 우리가 무슨 관계인지 관심조차 없었습니다. 실제로 녀석은 내가 심각한 방해물이라고 생각했지요. 그래서 내게 가까이 다가와서는 나를 향해 그 거대한 입을 쩍 벌렸다가 닫더군요. 진짜로 물지는 않았지만 화가 났다는 건 확실했어요. 맙소사, 난 거기서 당장 뛰쳐나왔습니다. 만약 그때 그러지 않았더라면 나중에 무슨 일이 생겼을지 상상도 하고 싶지 않군요."

방 안에 있던 모든 사람들이 동시에 안도의 한숨을 내쉬었다.

"임신을 하기 전까지 어미 고래와 아무리 오랫동안 두텁고 깊은 신뢰를 구축했다고 해도 일단 새끼가 태어나면 어미 고래는 무엇보다도 새끼를 보호하는 일을 우선시하게 됩니다. 우리는 어미에게 우리가 녀석과 녀석의 새끼에게 해를 끼치거나 아무런 위협도 되지 않을 것이라는 사실을 처음부터 다시 가르쳐야 하지요. 범고래는 신체적인 접촉을 무척 좋아합니다. 그래서 우리는 어미와 새끼들에게 손으로 문질러주고 마사지를 해주는 것을 가장 중요한 강화물로 이용하지요.

아기 고래가 태어난 지 2주일 쯤 되면 우리는 먼저 어미를 만져주고, 어미가 우리에게 새끼를 만지게 내버려두는지를 시험합니다. 만일 어미가 우리가 새끼에게 접근하도록 내버려둔다면 우리는 팔을 물속에 넣어 새끼를 긁어주지요. 다음 단계는 얕은 물에 들어가 어미와 새끼를 함께 긁어주는 것입니다. 시간이 지나면 새끼는 우리 주위를 헤엄치며 우리를 관찰하고 분석합니다. 우리는 그래도 괜찮은지 어미의 반응을 계속 관찰하고요. 새끼가 우리를 건드리거나 밀치면 우리는 물속에서 흐느적거리면서 아무런 반응도 하지 않습니다. 이건 범고래가 친구를 사귀는 가장 기본적인 행동양식이니까요. 그러다 아기 고래가 입을 열어 우리의 팔이나 잠수복을 잡아당기면 우리는 천천히 손을 들어 올려서 새끼의 입 가까이에 가져다 댑니다. 그런 다음 몸을 문질러 그 행동을 강화해주지요.

이런 사소한 상호작용들을 통해 우리는 아기 고래에게 우리가 원하는 것을 하도록 가르치는 겁니다."

클린트는 이렇게 그날의 강의를 마무리 지었다.

"우리가 여기서 하는 다른 대부분의 일들처럼 시간은 좀 걸리지만 확실히 그만한 가치가 있지요."


클린트의 경험담은 다음 주 에이미가 매트와 함께 강아지를 분양받기 위해 동물보호소에 갔을 때 커다란 도움이 되었다. 에이미는 예전부터 강아지를 키우고 싶었다. 그녀는 어린 시절부터 동물들과 함께 자랐고, 그녀가 그랬던 것처럼 조쉬에게도 살아 있는 모든 것에 대한 사랑과 이해심을 기르게 해주고 싶었다. 애완동물을 기르는 것은 재미뿐만 아니라, 동물은 물론이고 아이들과 어른들을 비롯한 생명을 가진 모든 것들을 보살피고 다정하게 대하는 법을 배우는 것이라고 그녀는 믿고 있었다. 동물보호소에서 부부는 상당히 오랜 시간을 들여 모든 강아지들을 꼼꼼히 살펴보았고, 결국 래브라도 새끼를 분양받았다. 집으로 돌아오는 자동차 안에서 에이미는 운전대를 잡은 매트의 옆자리에 앉아 강아지를 꼭 껴안고 있었다. 뒷좌석에는 조쉬가 카시트에 앉아 있었다.

에이미가 말했다.

"개가 사람을 무는 사고는 대부분 어린아이들한테 일어난대. 제대로 교육을 받지 않은 아이들은 개를 보면 본능적으로 손을 내밀어서 잡아보려고 하기 때문이야. 아이들은 강아지의 폭신한 귀와 흔들리는 꼬리를 보면 붙잡아야 할 것으로 생각하나봐. 그리고 힘 조절을 못하기 때문에 꼬리를 힘껏 붙잡고 비틀거나 잡아당겨버리지. 당연히 강아지는 그걸 좋아하지 않고 말이야. 사실 어린아이들의 그런 행동이 어린 강아지한테는 작은 인간은 '나를 아프게 한다'는 인식을 심어줄 수도 있지. 그러니까 우리는 조쉬랑 음, 아직 이름을 지어주진 않았지만 이 작은 친구가 잘 지내도록 훈련을 시켜야 해. 그건 그렇고 애 이름을 뭐라고 짓지?"

"거기에 대해서는 생각이 있지."

매트가 웃음을 지으며 말했다.

"이 녀석 꼭 오스카처럼 생기지 않았어?"

"오스카라고!"

에이미가 소름이 끼친다는 듯 소리쳤다.

"농담이겠지?"

"오쉬카아!"

조쉬가 외쳤다. 에이미가 뒤를 돌아보자 조쉬는 얼굴 가득 환한 웃음을 지으며 강아지를 가리켰다.

"오쉬카! 오쉬카!"

조쉬는 이 작은 새 친구의 이름이 마음에 들었는지 계속해서 이름을 불러댔다.

매트와 에이미는 얼굴을 마주보았다. 에이미는 작게 한숨을 쉬며 입을 열었다.

"오쉬카? 어, 그건, 음, 꼭 인디언 이름 같네."

매트가 희망찬 목소리로 말했다.

"그래도 오스카보단 낫잖아."


강아지를 키우게 된 조쉬는 너무나도 흥분해 있었다. 집에 도착한 매트와 에이미는 조쉬에게 동화책을 읽어주려고 했지만 아이는 도무지 가만히 앉아 있으려 하지를 않았다. 매트가 조쉬를 달래 소파에 앉아 아이가 좋아하는 동화책을 읽어주는 동안 에이미는 부엌에서 조쉬와 강아지를 처음으로 인사시킬 준비를 했다.

'먼저 성공을 위한 환경을 조성해야지.'

그녀는 동물보호소에서 사온 여러 가지 준비물을 꺼내 정리하며 속으로 다짐했다.

에이미는 강아지용 사료와 비타민, 식품첨가물, 벼룩 및 이 제거제와 고무 장난감 등을 찬장에 쌓고 강아지용 침대와 밥그릇을 꺼내 뒤쪽 현관에 내놓았다. 그동안 오쉬카는 신이 나서 주변을 쿵쿵거리며 돌아다니고 있었다. 에이미는 바닥에 앉아 오쉬카를 사랑스럽다는 듯 쓰다듬어주었다. 오쉬카는 꼬리를 흔들며 점차 흥분을 진정시켰다. 그리고 작은 가슴에서 우러나오는 애정을 담아 그녀의 손을 할짝거렸다.

조쉬는 이야기를 듣는 동안 잠시도 참지 못하고 끊임없이 꼼지락거렸다. 이야기가 끝나자마자 조쉬는 매트의 무릎 위에서 용수철처럼 튀어 올라 부엌으로 뛰어 들어왔다.

"오쉬카! 오쉬카!"

아이는 엄마가 마룻바닥에 앉아 강아지를 쓰다듬고 있는 것을 발견했다.

"자, 이리 와서 엄마 옆에 앉으렴."

조쉬가 자리를 잡자 에이미가 말했다.

"엄마가 하는 걸 잘 봐."

그녀는 부드러운 손길로 작은 강아지를 머리에서 등까지 천천히 쓰다듬었다. 오쉬카의 꼬리가 마룻바닥을 탁탁 두드리기 시작하자 조쉬의 시선이 강아지의 꼬리로 향했다. 조쉬의 머릿속에서 무슨 일이 벌어지고 있는지 환히 들여다보이는 것 같았다. '저거 잡아보

고 싶어'라는 조쉬의 생각이 들리는 것 같았다.

"오쉬카가 꼬리를 흔드는 건 기분이 좋다는 표시란다."

에이미는 조쉬의 손을 잡아끌어 아들이 강아지의 따뜻한 등을 부드럽게 쓰다듬을 수 있게 해주었다.

"오쉬카가 네가 쓰다듬어주는 걸 좋아하네."

에이미가 말했다. 조쉬가 방긋 웃었다. 아이의 관심은 이제 강아지를 쓰다듬는 데 쏠려 있었다. 오쉬카가 고개를 돌리더니 조쉬의 손을 핥았다. 조쉬는 깜짝 놀라 몸을 뒤로 뺐다.

"어머, 오쉬카가 조쉬에게 뽀뽀를 했구나!"

에이미가 아이를 안심시키듯 말했다.

10분 동안 조용하고 부드럽게 등을 쓰다듬어주자 강아지는 졸린 듯 편하게 자리를 잡았다. 조쉬는 눈을 동그랗게 뜨고 고개를 끄덕였다. 이 모든 일이 무슨 의미인지 알아차린 것이다.

"정말 착하구나, 애야. 엄만 네가 자랑스럽다."

에이미가 아들을 껴안으며 말했다.

"자, 그럼 오쉬카에게 저녁밥을 줘야지!"

그 주 주말 내내 매트와 에이미는 조쉬에게 새 식구가 된 강아지를 어떻게 다뤄야 하는지 가르치는 데 정성을 쏟았다. 그들은 오쉬카를 산책시킬 때 조쉬에게 잠깐 동안 목줄을 쥐어보게 해주었고 또 틈이 날 때마다 강아지를 쓰다듬는 시간을 가졌다.

두 달이 넘는 기간 동안, 부모들은 아이와 강아지가 둘이서만 있는 일이 없도록 신중하게 주의를 기울였다. 개집도 샀는데, 그곳은 곧 오쉬카만의 개인 공간이자 안전지대가 되었다. 매트와 에이미는 조쉬에게 말과 행동으로 안전과 배려를 강조했다. 또한 개 장난감 던지는 법을 가르칠 때도 그 장난감을 오쉬카에게서 억지로 뺏어서는 안 된다고 다정한 목소리로 알려주었다. 동시에 오쉬카에게도 조쉬와 함께 노는 방법을 훈련시켰다. 얼마 지나지 않아 오쉬카는 조쉬가 장난감을 던지면 그것을 다시 물어와 조쉬의 발 아래 내려놓는 법을 배우게 되었다.

에이미는 언제나 조쉬가 옆에 있을 때 오쉬카를 훈련시켰다. 예를 들어 그들은 오쉬카에게 어떤 사람이 강아지의 밥그릇을 집어 들더라도 신경 쓰지 않도록 훈련을 시키는 데 공을 들였다. 곧 조쉬는 상냥하고 온화한 행동으로 오쉬카에 대한 애정을 표현할 수 있게 되었고, 둘은 순식간에 제일 친한 친구가 되어 서로 뒹굴고 장난을 치는 사이가 되었다.

# 아기 고래 반응 노트

## 아이의 교감능력을 키우는 애완동물 돌보기

**성공을 위한 환경 조성하기**

어떤 애완동물을 키울지 선택할 때는 자녀의 나이와 몸집, 성격을 고려해야 한다. 특정 품종의 강아지나 고양이의 특성을 포함해 새로운 식구가 된 반려동물의 습관이나 성격을 관찰하고 연구하라. 동물을 주로 집 안에서 키울 것인가, 집 밖에서 키울 것인가? 집 안에서 자유롭게 돌아다니도록 내버려둘 것인가? 만일 그게 아니라면 어떻게 동물이 돌아다닐 영역을 제한할 것인가? 애완동물을 키우는데 지켜야 할 규칙과 지침을 미리 정해놓고 자녀들과 합의하라. 아이에게 애완동물의 좋지 않은 행동을 무시하고 좋은 행동을 칭찬하는 것이 얼마나 중요한지 가능한 한 빨리 가르치기 시작하라.

### 실패를 무시하고 새로운 방향으로 관심 전환하기

사람들은 보통 어린아이들과 새끼 애완동물이 자연스럽게 친해진다고 생각한다. 절대로 그렇지 않다. 두 어린생명체들이 적절한 상호작용을 저절로 할 것이라고는 꿈도 꾸지 마라. 특히 아이들이 강아지의 꼬리나 귀를 잡아당기면 강아지는 아이의 존재를 고통과 연관시키고 두려움을 느낄 수 있다. 처음 강아지를 데려온 뒤 한 달 정도는 절대로 어른의 감시 없이 아이와 강아지 둘만 내버려두지 마라. 강아지가 이들을 무는 사건은 대부분 열 살 이하의 아동들에게서 발생한다. 당신의 자녀가 애완동물을 조심스럽게 다룰 것이라고 넘겨짚지 마라. 애완동물들이 무엇을 원하는지 아이와 자주 대화를 나누고 애완동물을 신중하고 조심스럽게 관찰하라고 가르쳐라. 아이가 강아지를 거칠게 다룰 경우에는 관심을 새로운 방향으로 전환시켜라. 동물들을 상냥하고 부드럽게 대하는 법을 직접 보여주어 아이들이 따라할 수 있게 해주고, 만일 이를 잘해낼 경우에는 보상을 해준다.

**칭찬은 아기 고래도 춤추게 한다!**

 아이가 동물을 상냥하게 보살피거나 애정 어린 태도로 대할 경우 그 즉시 보상을 해줄 수 있도록 아이와 동물이 함께 있을 때 당신 역시 최대한 그 자리를 지키고 있도록 한다. 특정한 행동을 정해놓고 그것을 볼 때마다 즉각적으로 보상하라. 애완동물과 노는 시간을 시범을 보여줄 수 있는 기회로 활용하고, 아이들이 당신의 행동을 따라하면 크게 칭찬해준다. 아이가 동물을 다루는 데 있어 조금이라도 진전을 보이면 당신이 그것을 자랑스러워한다는 사실을 명백하게 알려주어라. 그리고 그러한 성과에 대해 아이가 자부심을 느낄 수 있도록 해준다.

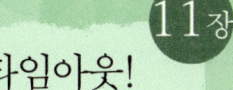

# 타임아웃!
## 아이의 감정이 폭발했을 때 대처하는 법

"화난 사람한테는 이성적으로 설명하지 말 것.
화가 난 아이한테도 설명을 하거나 달래려 하지 말 것.
이건 직장 동료나 고객들처럼 어른들한테도,
그리고 범고래한테도 마찬가지야.
문제가 생기면 그 자리를 잠시 떠나거나
사태를 진정시킬 만한 일을 해야 해."

"조쉬! 조쉬! 엄마 말 좀 듣지 못 하겠니!"

에이미의 목소리가 점점 더 커졌다. 그렇지만 아들의 울음소리에 비하면 아무것도 아니었다. 어린 조쉬는 바닥에서 발버둥을 치면서 지붕이 떠나가라 악을 쓰고 있었다. 작은 주먹이 카펫을 팡팡 내리쳤고, 두 눈은 꼭 감겨 있었으며 새빨개진 얼굴은 온통 눈물범벅이었다. 자신이 조쉬의 못된 행동을 부추길 뿐이라는 사실을 깨달은 순간, 에이미는 입을 다물었다. 조쉬는 어떻게 손을 댈 수도 없을 정도로 발작에 가까운 반응을 보이고 있었다. 더구나 에이미가 아이를 달래려고 하면 할수록 조쉬의 울음소리는 점점 더 크고 짜증스럽게 변해갔다. 에이미는 어떻게든 마음을 진정시키려고 애쓰며 며칠 전에 있었던 일을 떠올렸다.

에이미와 킴 리는 범고래 캐건을 훈련시키고 있었다. 그때 갑자기 캐건이 방향을 바꾸더니 직원들이 청소를 하고 있는 관람용 유리벽을 향해 돌진했다. 캐건은 창문을 닦는 고무 롤러가 유리창을 쓸어내릴 때마다 나는 끽끽거리는 소리를 참을 수가 없었던 것이다. 킴 리가 손으로 물을 쳐서 범고래의 관심을 돌리자, 캐건은 다시 고개를 돌려 그녀를 향해 헤엄쳐오기 시작했다. 그러나 몇 분 뒤, 녀석은 다시금 유리벽으로 쇄도했다. 심지어 꼬리를 공격적으로 세차게 쳐대기조차 했다. 킴 리는 캐건이 훈련에 협조할 마음이 없다는 사실을 알아차렸다. 범고래는 짜증을 부리고 있었다.

킴 리는 다시금 캐건을 불렀지만 고래는 그녀를 완전히 무시했다. 가슴 지느러미와 꼬리 지느러미를 거세게 흔들어 그 옆에 서 있던 애꿎은 사람들만 물벼락을 맞았다.

"그만 가죠."

킴 리가 풀장에서 빠져나오며 말했다.

"캐건을 달래지 않을 건가요?"

에이미는 당황해서 물었다.

"만약에 캐건이 계속 우리한테 신경을 쓰지 않는다면요."

킴 리가 설명을 시작했다.

"제일 현명한 반응은 지금 이 상황을 그대로 두고 자리를 뜨는 거예요. 게다가 어차피 캐건은 지금 너무 화가 나서 제대로 생각도 하고 있지 못한걸요."

"한마디로 머리를 식힐 타임아웃 시간을 주는 거네요."

에이미가 말했다.

"바로 그거예요. 타임아웃 시간은 범고래뿐만 아니라 우리한테도 주는 거예요. 우리 조련사들도 한 발짝 물러서서 왜 이런 일이 생겼나 생각해보고 앞으로는 어떻게 할지 계획을 세워야 해요."

두 사람의 훈련 과정을 지켜보고 있던 클린트가 다가와 말했다.

"방금 아무 대응도 하지 않고 걸어 나온 건 아주 잘 한 일이에요. 이런 경우 우리한테는 선택의 여지가 없으니까요. 그렇지만 묻고 싶은 게 있는데, 이런 상황을 피하기 위해서는 앞으로 어떻게 해야 할까요?"

킴 리는 생각에 잠겼다.

"우리가 캐건을 훈련시키는 시간에는 청소를 하지 않도록 미리 직원들과 상의해야겠네요."

"맞습니다."

클린트가 말했다.

"사건이 일어나기 전에 아예 원인을 제거하면 되지요. 캐건은 훈련 시간에 방해를 받게 되어 짜증이 났을 뿐만 아니라 당신이 자신의 관심을 돌리려고 해서 마음이 상한 거예요. 그런 작은 실수가 실패로, 때로는 공격성으로까지 이어질 수 있지요. 캐건이 마음을 진정시키려면 시간이 좀 걸리겠군요."

에이미는 그녀의 아들이 꺽꺽거리며 우는 모습을 바라보며 어쩌다가 이런 사태에 이르게 되었는지 곰곰이 생각해보았다.
'어떻게 하면 이런 일이 애초에 생기지 않도록 할 수 있었을까?'
그때 매트가 방 안에 들어왔다. 조쉬가 울고 있는 것을 본 남편이 말했다.
"우리 아들이 왜 저렇게 화가 나셨나?"
"나도 지금 그걸 생각 중이야. 너무 시끄러워서 머리가 제대로 돌아가지도 않지만 말이야. 좀 조용한 데로 가자. 내가 다 설명해줄게."
그들은 여전히 울고불고 발버둥을 치고 있는 조쉬를 안타까운 눈으로 바라보며 부엌의 식탁에 앉았다.
"5분 전만 해도 하도 짜증이 나서 내 머리를 쥐어뜯을 뻔했어."
에이미가 말했다.
"하지만 오늘 하루를 찬찬히 되돌아보니 잘못한 건 나라는 사실을 깨달았지. 이게 다 내가 늦잠을 자서 그런 거야."

"그렇지만 내가 아침에 나가기 전에 깨워줬잖아."
"응, 근데 그 뒤에 다시 잠들어버렸거든."
에이미가 고백하듯 말했다.

오늘 아침, 에이미는 정신없이 서둘러야 했다. 허겁지겁 일어나 조쉬한테 옷을 입히고, 황급히 아침을 먹였다. 그녀는 계속해서 조쉬의 이름을 부르며 서두르라고 다그쳐야 했다. 그러자 조쉬는 반항을 하기 시작했다. 아이는 마치 엄마를 일부러 화나게 하려는 양 모든 일을 질질 끌며 게으름을 피우는 것 같았다. 에이미가 조쉬의 셔츠 단추를 잘못 채워서 처음부터 다시 단추를 잠궈야 했을 때는 참지 못하고 소리를 빽 질렀다.
"엄마아!"
에이미는 조쉬를 거의 차 안에 밀어넣다시피 태우고 유아원으로 출발했다. 그녀가 조쉬를 마지막으로 봤을 때 아이는 엄마를 향해 얼굴을 잔뜩 찌푸리고 있었다.
씨월드에서의 하루도 끔찍했다. 그리고 별로 재미도 없었다. 언제나 침착하게 그녀를 안심시키던 킴 리가 몸이 아파 결근했다. 화창한 날씨였지만, 에이미는 원래부터 맑고 화창한 날을 좋아하지 않았다. 그녀는 동료 훈련생인 로레인과 함께 일해야 했고, 로레인은 오늘도 변함없이 심통을 부렸다. 게다가 정신을 차리고 보니 조쉬를 데리러 갈 시간에 늦고 말았다. 조쉬는 차를 향해 걸어오며 엄마를 쳐다보지도 않았으며, 저녁거리를 사기 위해 마트에 들를 때까지도 말 한마디 하지 않았다. 그나마 쇼핑카트를 탔을 때는 기분이 조금 나아진 듯했다. 하지만 진열대에 놓인 물건을 집으려 손을 뻗었을 때 에이미가 경고를 하자 이내 다시 뾰루퉁해졌다.

"안 돼. 엄마가 그러지 말랬지!"

조쉬는 계속해서 얼굴을 찌푸리고 있었다. 집에 도착했을 즈음, 엄마와 아들 사이에는 어둡고 무거운 분위기가 감돌았다.

"지금 와서 보니 조쉬가 이러는 이유를 알 것 같아."

에이미가 매트에게 말했다.

"내가 조쉬에게 관심을 주지 않았기 때문이야. 난 한시라도 빨리 집으로 돌아오려고 서두르고 있었고 또 생각할 게 너무 많았어. 조쉬 역시 피곤했는데 말이야. 그래서 집에 도착했을 때 우리 둘 다 화를 폭발시키기 직전이었던 거지. 내가 저녁 식사를 준비하고 있는데 조쉬가 부엌에 들어와서 강아지랑 놀고 싶다고 하더라고. 난 지금은 안 된다고, 조금만 기다리라고 했지. 그러자 애가 더 이상 참지 못하고 폭발한 거야. 방 안을 마구 뛰어다니면서 소리를 지르더니 결국에는 바닥에 주저앉아서 미친 듯이 울더라."

매트가 잠자코 고개를 저었다.

"하루 종일 참고 있었던 게 터진 거로군."

"응. 아무래도 '이번에는' 내가 제대로 환경을 조성하지 못한 것 같아. 내가 제대로 행동하는 게 제일 중요한 건데. 꼭 나 때문에 조쉬가 이렇게 된 것 같잖아."

에이미는 말을 멈추고 조쉬쪽으로 눈을 돌렸다. 제 풀에 지친 조쉬는 조금 진정된 기미였다. 에이미는 의자에서 일어나 조쉬에게 걸어갔다.

"조쉬? 이제 괜찮아졌니? 기분은 어때? 이리 와서 같이 놀까?"

"아니!"

잔뜩 심통이 난 목소리로 조쉬가 대답했다. 그러곤 다시 징징거리기 시작했다. 그렇지만 이번에는 가짜 울음소리에 가까웠다.

에이미는 어깨를 으쓱하고는 다시 부엌 식탁으로 돌아왔다.

"아이가 올바른 행동을 하는 순간을 포착하려고 노력 중이시구만, 안 그래?"

매트가 웃으면서 말했다.

에이미가 눈동자를 굴렸다.

"그냥 이제 다 울었나 생각한 것뿐이야. 하지만 아직 화가 덜 풀린 것 같으니 얼마 동안은 저렇게 두려고. 그렇다고 타임아웃 시간을 너무 길게 줘도 안 돼. 그러면 효과가 떨어져."

두 사람은 조금 더 기다렸다. 이번에는 훌쩍거리는 소리가 아까보다 금세 잦아들었다.

매트가 말했다.

"내가 갈게."

"말도 안 되는 소리."

에이미가 매트의 앞을 가로 막으며 말했다.

"내가 애를 돌보다 일어난 일이잖아. 게다가 조쉬는 나한테 화가 나 있단 말이야. 만약에 지금 당신이 조쉬를 달래러 가면 당신만 좋은 사람이 된다고. 아이한테 '좋은 경찰/나쁜 경찰' 이미지를 심어주면 안 되지."

잠시 후 에이미는 조쉬에게 다가가 말했다.

"이젠 괜찮아졌니, 조쉬?"

아이는 미소를 짓더니 엄마에게 두 팔을 내밀었다.

에이미는 아들을 부엌으로 데려와 조용히 그 옆에 앉았다. 그녀와 매트는 조쉬의 화가 완전히 풀렸는지 알고 싶었기 때문에 아들에게 조금 더 진정할 시간을 주었다. 몇 분 뒤, 에이미가 말했다.

"이제 기분이 나아졌지, 조쉬? 울음을 그쳤네. 물 마실래? 그렇게 많이 울었으니까 목이 마를 거야. 아빠한테 오늘 그린 그림을 보여드리렴."

조쉬가 크래커를 쥐고 에이미에게서 물컵을 받아들자 두 사람은 이번 소동이 완전히 끝났음을 알 수 있었다.

에이미가 매트에게 고개를 돌리고 말했다.

"덕분에 오늘 커다란 교훈을 하나 배웠어. 진즉에 알았어야 하는데. 왜냐하면 고래들한테도 똑같은 원칙을 사용하거든."

"그게 뭔데?"

"화난 사람한테는 이성적으로 설명하지 말 것. 화가 난 아이한테도 설명을 하거나 달래려 하지 말 것. 이건 직장 동료나 고객들처럼 어른들한테도, 그리고 범고래한테도 마찬가지야. 문제가 생기면 그 자리를 잠시 떠나거나 사태를 진정시킬 만한 일을 해야 해."

"당신 말을 들으니 조쉬가 마트에서 난리를 피우지 않은 게 천만다행인 것 같아."

매트가 말하자 에이미가 고개를 끄덕였다.

"만약 조쉬가 마트에서 난동을 피웠다면 어떻게 했을까?"

매트의 물음에 에이미는 잠시 생각에 잠겼다.

"가장 이상적인 행동은 쇼핑을 그만두고 조쉬를 차로 데려가서 애가 울음을 그칠 때까지 가만히 기다리는 거겠지. 만약 조쉬가 울음을 그치지 않는다면 모든 걸 포기하고 그냥 집에 왔을 거야."

에이미는 아들을 바라보았다. 그러곤 사랑이 듬뿍 담긴 목소리로 말했다.

"너랑 엄마랑 오늘 하루 정말 거하게 치렀다, 그치?"

그녀는 아이를 힘주어 꼭 껴안았다.

"사랑한다, 아들아."

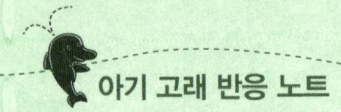 아기 고래 반응 노트

## 아이의 감정이 폭발했을 때 대처하는 법

**성공을 위한 환경 조성하기**

'타임아웃' 시간은 당신의 자녀가 부적절한 행동에 대해 책임감을 느끼게 돕는다. 그보다 더욱 중요한 것은 스스로 자신의 행동을 변화시킬 수 있다는 점이다. 단, 타임아웃 공간은 당신이 손쉽게 접근할 수 있고 아이를 안전하게 지켜볼 수 있는 곳이어야 한다. 타임아웃 시간을 갖는 동안 아이는 반드시 최소한의 강화를 받아야 하며, 나이가 어릴 경우 행동의 변화가 일어날 때까지로 시간을 제한해야 한다. 당신이 원치 않는 행동이 정확히 어떤 것인지 아이에게 알려주라. 집안에 타임아웃 시간을 가질 공간을 정하고 그곳에는 장난감이나 아이의 주의를 흐트러뜨릴 물건들을 치워두도록 한다.

**실패를 무시하고 새로운 방향으로 관심 전환하기**

어른이든 아이든 사람이 흥분했을 때는 아무리 차분히 설명하려 한들 무용지물이다. 타임아웃 시간을 갖는 동안 어떠한 특정 행동이 이런 상황을 불러오게 되었는지 분석해보라. 아이에게 타임아웃 시간을 줄 만한 상황이 아니라면 전환 기법을 사용한다. 나이 어린 유아들은 주의를 다른 쪽으로 돌리는 방식을 이용하고, 그보다 나이가 많을 경우에는 논리적으로 설득해야 한다. ("엄마가 네게 제대로 설명해주지 못했나 보구나. 우리 다시 한 번 규칙에 대해 이야기해보자꾸나.") 전환 기법을 사용할 때에는 언제나 아이의 '잘한 점'을 칭찬하는 것으로 상황을 마무리 지어야 한다.

때때로 아이들은 집안의 규칙이 적용되지 않는다고 생각되는 낯선 환경에서 잘못된 행동을 하곤 한다. 만일 아이가 공공장소에서 버릇없는 행동을 한다면 즉시 그 자리를 떠나는 것이 좋다. 비록 작은 희생을 치러야 할 테지만 그만한 가치가 충분히 있을 것이다. 후에 문제를 일으킨 장소로 돌아갔을 때 아이가 당신이 원하는 행동을 하도록 설득하여 동의를 얻어라.

**칭찬은 아기 고래도 춤추게 한다!**

　타임아웃 시간이 끝난 순간, 문자 그대로 모든 것을 마무리 짓도록 한다. 아무런 감정적 앙금도 남기지 말고 아이를 야단치거나 나무라서도 안 된다. 당신의 자녀가 문제의 행동을 중단하면 긍정적인 방식으로 그 점을 상기시켜라. 최근에 타임아웃을 받는 일이 없었다는 점을 지적하며 칭찬을 해주어도 좋다. 언제나 아이가 예상치 못한 방식으로 놀라움을 안겨주라. ("요즘 착하게 행동했으니까, 상으로 오늘은 네가 좋아하는 식당에서 외식을 하자.")

# 즐거운 화장실 놀이

### 배변 훈련은 어떻게 할까?

배변 훈련을 재미있는 것으로 만들어라.
긍정적인 면을 강조하라.
배변 훈련을 시작하는 타이밍을 결정하기 위해서는
관찰과 끈기가 필수적이다.
비록 당신은 준비되어 있더라도
당신의 자녀는 그렇지 못할 수도 있기 때문이다.

"바다에서 가장 무서운 포식자에게서 소변 샘플을 받으려면 어떻게 해야 할까요?"

씨월드의 훈련생인 에이미와 로레인, 스티브는 서로의 얼굴을 마주보며 어깨를 으쓱했다. 질문을 던진 클린트 조던이 말했다.

"잘 보십시오."

그는 풀 가장자리로 다가가 커스티에게 손짓을 했다. 수신호를 포착한 범고래가 즉시 그에게 헤엄쳐왔다. 클린트가 다시 수신호를 보내자 커스티는 수심이 겨우 15센티미터밖에 안 되는 슬라이드 통로를 향해 몸을 들어 올렸다. 몸체를 옆으로 틀어서 말이다!

클린트가 말했다.

"우리는 고래의 건강 검진을 위해 매달 소변 샘플을 채취합니다.

이렇게 고래들이 자진해서 우리에게 샘플을 주도록 훈련시키기 전까지 소변 샘플을 얻으려면 엄청난 고생을 해야 했죠. 풀장의 물을 완전히 뺀 다음 그 안에 고래를 옆으로 눕혔어요. 그런 다음 수의사가 직접 도뇨관을 연결해서 소변을 빼내야 했지요. 아시다시피 무지막지 커다란 도뇨관을 사용해서 말입니다."

모두가 폭소를 터트렸다.

"고래들이 그 일을 얼마나 좋아했을지 짐작이 가죠? 하지만 이제 우리는 지금 여러분이 앞으로 보게 될 일만 하면 됩니다. 오늘은 커스티의 차례죠."

클린트가 말했다.

그는 커스티의 눈앞에 작은 컵을 들어보였다. 그러고는 범고래의 생식기 앞에 컵을 가져다 댔다. 무슨 일이 일어나고 있는지 제대로 보이지 않았기 때문에 훈련생들은 무작정 기다렸다. 클린트가 짧게 호루라기를 불며 몸을 세우자, 범고래는 다시 물속으로 미끄러져 들어갔다. 그는 커스티에게 생선을 몇 마리 던져주었다. 훌륭한 행동에 대해 생선을 보상으로 받은 커스티는 곧 헤엄쳐 사라져버렸다. 클린트는 모두가 볼 수 있도록 컵을 치켜들었다. 투명한 컵에 찰랑거리는 액체가 가득 차 있었다. 훈련생들은 자신도 모르게 "와우!" 하고 소리쳤다.

"대단하네요!"

에이미가 감탄사를 내질렀다. 그녀는 세 명의 훈련생이 똑같이 머릿속에 생각하고 있던 질문을 던졌다.

"어떻게 하신 거죠?"

클린트는 미소를 지었다.

"먼저 주위를 둘러봐요. 이 풀을 무슨 용도로 사용하고 있는 것 같나요?"

에이미는 주위를 둘러보았다. 집채만한 크기의 다양한 장난감들과 부표들을 담아놓은 통이 시선에 들어왔다. 조련사 한 명이 고래에게 장난감을 던지며 놀아주고 있었고, 다른 두 사람은 고래의 몸을 기분 좋게 긁어주고 있었다.

"고래들이 착하게 행동했을 때 즐거운 시간을 보낼 수 있는 놀이터인가요?"

그녀는 반신반의하며 되물었다.

클린트가 그 말에 웃음을 터트렸다.

"우린 이곳을 고래 스파라고 부르죠. 하지만, 자, 저쪽을 보세요."

클린트는 거대한 기계 장치를 가리키며 말했다.

"저게 우리의 고래용 기중기랍니다. 물속에 있는 고래를 들어올리기 위해 특별히 고안된 장치죠."

그는 방금 커스티의 소변을 받을 때 이용한 슬라이드 통로를 가리켰다.

"이제 이 풀의 진짜 용도가 뭔지 알 수 있겠죠?"

아무도 대답을 하지 않자 클린트가 설명했다.

"이곳은 우리가 고래들에게 주사를 맞히고 혈액 테스트를 하고 소변과 대변 샘플을 채취하고, 충치가 있거나 상처가 생길 경우 치료를 하는 곳입니다."

그는 훈련생들이 자신의 말을 이해할 때까지 기다렸다.

"만약 사람들에게 이런 조치가 필요할 때 어디루 가죠?"

"병원이나 치과요."

"그렇습니다. 여러분들 중에 어렸을 적에 병원이나 치과에 가는 게 재미있다고 좋아한 사람은 없겠죠?"

훈련생들의 반응은 의심할 여지가 없었다.

"당연히 없죠! 농담이겠죠?"

클린트가 웃으며 말을 이었다.

"그러니까 이건 단순히 여러분이 이미 배운 것을 반복하는 것일 뿐입니다. 우리는 범고래들이 우리가 가르치는 것들이 '재미있다'는 사실을 배우길 원해요. 고래들은 무언가를 재미있고 즐거운 놀이거리로 인식하지 않는다면 흥미를 보이지 않습니다. 특히 몸이 아프기까지 하다면요. 고래들에게 우리가 원하는 일을 하도록 만들기 전에, 우리는 먼저 그들의 완전한 신뢰를 얻어야 하지요.

이런 기본 원칙을 바탕으로 에이미의 질문에 대답해보죠. 이런 종류의 훈련에서 가장 중요한 것은 성공을 위한 환경을 조성하는 겁니다. 소변 샘플 훈련의 경우, 그것은 즉 고래들이 볼일을 보는 순간을 포착해야 한다는 사실을 의미하죠. 우리는 자세한 관찰을 통해 대부분의 범고래들이, 이유는 모르지만 아침 시간에 오줌을 누는 경우가 많다는 사실을 발견했습니다.

우리는 그 전에 커스티가 이 슬라이드 통로를 이용하도록 훈련을 시켜놓았습니다. 물론 이 경우에 우리는 커스티에게 몸을 옆으로 비틀도록 가르쳐야 했고, 그건 상당한 시간이 걸리는 일이었지요. 그리고 마침내 커스티가 그 일을 할 수 있게 되자 그때부터는 일이 거침없이 진행되었습니다. 커스티를 이곳으로 데리고 나와 눈앞에 컵을 보여주고 뒤로 가서 기다립니다. 커스티는 때때로 소변을 조금만 누기도 하고 가끔은 많이 누기도 하지만 대부분의 경우에는 아예 소변을 보지 않아요. 내가 할 일은 참을성 있게 기다리는 것뿐입니다. 커스티를 가까이서 관찰하고 많은 주의를 기울이면서요. 그리고 커스티가 오줌을 누었을 때는 당연히 보상을 줍니다. 누지 않았을 때는 아무것도 해주지 않고요. 결국 커스티와 나는 이 모든 단계를 하나로 통합할 수 있게 되었죠. 아무 문제없이 이 과정을 해내기까지 3개월이 걸렸습니다."

"진짜 굉장했어!"
에이미는 남편에게 클린트가 범고래에게서 어떻게 소변 샘플을 채취하는지 설명해주었다.
매트는 고개를 저었다.
"왜? 무슨 일 있어?"
"아니, 그냥 그 사람들은 고래한테 신호만 주면 오줌을 누게 가르쳤는데 우린 우리 아들이 화장실에 가서 오줌을 누게 하지도 못하잖아."
실제로 조쉬의 배변 훈련은 요즘 이 부부의 가장 큰 골칫거리였다.
지금까지 두 사람은 매트의 뉴멕시코 출장에 관한 이야기를 나누고 있었다. 매트는 열흘 동안 집을 비울 예정이었고, 결혼 후 부부는 이렇게 긴 시간 동안 떨어져 있었던 적이 한 번도 없었다. 매트는 기술컨설팅 회사에서 수석 컴퓨터 프로그래머로 일하고 있는데, 회사는 그가 뉴멕시코에 가서 강의를 해주길 바랐다.
다음날 아침 매트와 작별 인사를 한 뒤 에이미는 조쉬의 기저귀를 갈아주었다.

'완전히 젖었군.'

그녀는 속으로 생각했다. 순간, 깨달음이 찾아왔다. 자녀의 행동 때문에 애를 먹는 다른 대부분의 신참 부모들처럼 그녀와 매트도 아들의 배변 훈련을 아무 계획 없이 무작정 시도하고 있었다. 그들은 아이의 행동을 바꾸는 데 집중했지만 그것이 조쉬에게 어떤 도움이 되고 왜 좋은지에 대해서는 아무 생각도 하지 않았다. 에이미는 배변 훈련에도 행동과학의 원칙을 적용해보기로 결심했다.

'왜 전에는 이 생각을 못한 거지? 매트가 출장에서 돌아오기 전에 내가 조쉬한테 화장실 사용법을 가르칠 수 있다면 정말 멋질 거야!'

조쉬를 유아원에 데려다주는 동안, 에이미는 씨월드에서 배운 내용을 어떻게 단계별로 조쉬에게 적용할 수 있을지 생각해보았다.

'가장 기본적인 단계는 벌써 시작했어.'

그녀는 생각했다.

'조쉬를 자세히 관찰하고 있으니까. 일단 두 가지 분야에서 정보가 필요해. 첫 번째는 조쉬가 오줌을 주로 누는 시간대야. 기저귀를 자주 갈아줘야 하는 때가 언제지? 패턴이 있나?'

그 후 며칠 동안 새내기 엄마는 조쉬에게 평소보다 더 많은 음료수를 주고 주기적으로 그 결과를 체크했다. 다음 단계로 에이미는 조쉬에게 이 화장실 훈련 프로젝트가 재미있는 것이라는 사실을 설득해야 했다.

'조쉬가 좋아하는 장난감과 노래, 놀이는 뭐지?'

그녀는 범고래의 훈련 방식을 떠올리며 끊임없이 생각했다.

'항상 긍정적으로 대할 것. 잘못이나 실수를 해도 관심을 주거나 지적하지 말 것. 처음에는 결과에 집중하지 말고 화장실이 재미있는 곳이라는 사실을 인식시킬 것. 조금이라도 발전을 보이면 기회가 있을 때마다 칭찬을 할 것.'

때때로 에이미는 자신이 이런 양육법을 연구하는 데 지나치게 많은 시간을 투자하고 있는 게 아닌지 걱정했다. 하지만 그러다가도 곧 생각을 고쳐먹곤 했다.

'하지만 우리가 예전에 사용한 방식은 전혀 효과가 없었어. 우리 셋 다 미칠 것만 같았지! 만약에 고래 반응 양육법이 배변 훈련 분야에서도 성공을 거두게 된다면 앞으로 우리는 애를 키우면서 생기는 모든 일에 이 기법을 적용할 수 있을 거야.'

에이미가 조쉬의 배변 훈련에 열중하는 동안, 매트는 한 도시에 머무르며 강의를 하고 다시 다른 도시로 옮겨가는 식으로 여행을 하고 있었다. 앨버커키로 향하는 비행기 안에서 그는 옆자리에 앉은 다른 승객과 이야기를 나누게 되었다. 이름은 토니였는데, 잠시 후 두 사람의 대화는 아이를 키우는 문제로 옮겨갔다.

"우리 필립은 일곱 살입니다."

토니가 말했다.

"원래는 착한 아이죠. 한데 요즘엔 속을 너무 자주 썩여요. 가장 참기 힘든 건 애가 엄마한테 건방진 말투로 말대꾸를 한다는 겁니다. 우리 부모님이라면 애가 그러는 걸 절대 용납하지 않았을 겁니다. 나도 마찬가지고요."

"그럼 애를 어떻게 '길들이'시나요?"

매트가 물었다.

"내 무릎 위에 엎어놓고 엉덩이를 두들기죠. 가끔은 정말 혼쭐이 나게 때려주고요."

매트는 잠시 생각에 잠겼다.

"효과가 있던가요?"

"글쎄요, 어쨌든 내가 보는 앞에서는 말대꾸를 하지 않더군요. 왜요, 당신은 아들한테 벌을 주지 않나요?"

"네, 전 안 줍니다."

매트가 대답했다. 그러다 잠시 침묵이 흐르자 매트는 화제를 돌렸다.

"혹시 씨월드라는 곳에 가보신 적 있나요?"

토니가 환한 얼굴로 대꾸했다.

"그럼요, 그것도 여러 번 가봤죠. 아주 즐거운 곳이더라구요. 특히 범고래쇼가 근사하더군요."

매트가 미소를 지었다.

"내 아내가 거기서 범고래 조련사가 되려고 훈련을 받고 있답니다. 사실 이 이야기를 꺼낸 이유는 아내가 거기서 고래를 훈련할 때 사용하는 기술을 집에서 우리 애를 교육하는 데 활용하고 있기 때문이에요."

토니는 의심스러운 표정을 지어 보였다.

"그게 무슨 뜻이죠? 애는 고래하고 다르잖아요."

"당연히 다르죠. 하지만 한 가지 점에서는 똑같아요. '무엇이 자기한테 좋은지' 알고 싶어 한다는 거죠. 그 사람들이 고래 반응이라고 부르는 기법은 바로 그 점을 이용한답니다."

그는 자신과 에이미가 자신들을 변화시키기 위해 한 일들을 설명해주었다. 조쉬의 행동을 관찰하고, 조쉬가 좋아하는 것들을 파악해 강화물로 사용하고, 그들이 원하는 결과를 명확하게 설명해주고, 무엇보다 부정적인 행동들을 무시하고 관심을 전환시킨 일들을 말이다.

"솔직히 말하자면 전 그 방법이 통할 거라고 생각하지 않았습니다. 하지만 단순히 관심을 쏟는 대상을 바꾸는 것만으로도 아이의 행동이 변화하더군요."

"잠깐만요. 그러니까 간단히 말해서 애가 나쁜 짓을 해도 다른 좋은 면을 보란 말입니까?"

토니가 의아하다는 투로 말했다.

매트는 고개를 저으며 말을 이었다.

"물론 모든 걸 무시할 수는 없죠. 그럴 때는 조련사들이 '전환'이라고 부르는 것을 이용합니다. 어린아이의 경우에는 뭔가 다른 긍정적인 것에 주의를 쏟도록 한 다음 보상을 해줘요. 그보다 나이가 많은 아이의 경우에는 찬찬히 대화를 나누고 당신이 원하는 것을 자세히 설명하면 될 것 같군요. 컴퓨터 수업에서 학생들에게 이 전환 방식을 사용할 때 저는 문제의 원인이 저라고 생각하려 노력합니다. 가령 이런 식으로 말하는 거죠. '아무래도 내가 그 과정을 정확하게 설명하지 못한 것 같군요. 다시 한 번 해봅시다.' 그러면 상당히 효과가 좋더라고요."

얼마 지나지 않아 토니는 자신이 읽던 책으로 눈을 돌렸지만 간간히 창밖을 보며 깊은 생각에 잠겼다. 비행기가 착륙하고 두 사람이 짐을 내릴 준비를 하고 있을 때, 토니가 매트에게 말을 걸었다.

"아까 말씀하신 고래 반응 기법이라는 것 덕분에 내 아들을 다른 식으로 다뤄야겠다는 생각을 하게 되었어요. 고맙습니다."

매트가 떠난 지 며칠 후 어느 날 저녁이었다. 배변 습관을 관찰하기 위해 에이미는 며칠 전부터 조쉬에게 간식이나 식사 때마다 물이나 주스를 평소보다 조금씩 더 주기 시작했다. 또 조쉬가 좋아하는 다양한 게임과 새 장난감을 욕실에 들여놓고 조쉬가 유아용 변기에 앉아 그것들을 가지고 놀 수 있게 해두었다. 조쉬가 바지 벗는 것을 싫어하면 억지로 벗기지도 않았다. 그저 아이가 변기에 앉아 엄마가 읽어주는 이야기를 듣거나 엄마와 함께 게임을 하거나 그저 즐거운 시간을 보낼 수 있도록 도와줄 뿐이었다. 그녀는 이 모든 경험을 처음부터 긍정적인 것으로 만들어야 한다는 것을 잘 알고 있었다.

다음날 에이미가 유아원으로 조쉬를 데리러 갔을 때, 조쉬가 가장 먼저 한 말은 '화장실'이었다. 집에 도착하자마자 조쉬는 엄마의 손을 잡고 곧장 화장실로 향했다.

그녀는 생각했다.

'아하, 화장실이 조쉬 스파가 되었구나!'

그날 저녁 에이미는 조쉬에게 물을 마시게 하고 20~30분(보통 조쉬가 물을 마신 뒤 소변을 누는 데까지 걸리는 시간) 정도 기다렸다. 잠시 후, 조쉬의 바지를 벗겨 조쉬 스파에 앉혀놓고 함께 게임을 했다. 아무 일도 일어나지 않았다. 하지만 유아용 변기에서 일어나 기저귀를 차고 바지를 입자마자, 조쉬는 기저귀를 적시고 말았다. 조쉬는 얼굴을 찡그리더니 말했다.

"으웩!"

조쉬가 그 말을 배우게 된 것은 에이미 때문이었다. 에이미가 조쉬의 기저귀를 갈아줄 때마다 '으웩!'이라고 말하곤 했기 때문이다. 하지만 에이미는 그저 미소를 지었을 뿐이다.

'이런 건 그저 무시하면 돼.'

저녁 식사를 한 뒤 저녁에도 똑같은 사건이 벌어졌다. 에이미는 30분 동안 조쉬를 유아용 변기에 앉혀놓고 아이와 놀아주었다. 바지를 다시 입자마자 조쉬는 다시 기저귀에 실례를 하고 말았다. 게다가 이번에는 '큰 것'이었다.

이런 일상이 반복되던 세 번째 날, 에이미는 처음으로 아들이 유아용 변기에 앉아 있을 때 오줌을 누는 소리를 들었다.

"오, 우리 아가!"

그녀는 진심으로 기쁨의 환호성을 질렀다.

"엄만 네가 정말 자랑스럽구나!"

그녀는 즉시 조쉬가 제일 좋아하지만 거의 주지 않았던 M&M 초콜릿을 꺼내 아들에게 주었다. 그리고 이 작지만 중요한 순간을 축하하며 큰 소리로 아이를 칭찬해주었다. 조쉬는 입이 귀까지 찢어질 정도로 활짝 웃으며 뒤로 돌더니 변기 안을 들여다보고 말했다.

"으웩!"

에이미는 웃음을 터트리고 조쉬를 껴안았다. 엄마와 아들이 동시에 소리쳤다.

"으웩!"

드디어 매트가 집으로 돌아왔다. 매트와 에이미가 그동안 일어난 일들을 이야기를 하려고 소파에 앉았을 때, 조쉬가 에이미에게 다가왔다. 아이는 기저귀를 만지작거리며 말했다.

"화장실."

에이미는 깜짝 놀란 남편에게 그가 없는 사이 조쉬와 그녀가 얼마나 엄청난 발전을 이뤘는지 보여주었다. 부부는 조쉬와 함께 화장실로 향했고, 에이미는 아직 보송보송한 조쉬의 기저귀를 벗겨주었다. 조쉬가 유아용 변기에 앉아 오줌을 누자 매트의 눈이 휘둥그레졌다. 그는 박수를 치며 아들은 큰 소리로 칭찬했다.

"우리 조쉬는 정말 세계 최고야!"

에이미는 매트에게 씨월드에서 배운 내용을 알려주고 그것을 이용해 조쉬를 가르쳤다고 설명해주었다. 그 후 몇 달 동안 부부는 조쉬의 배변 훈련에 온 힘을 모았다. 가끔은 좌절스러운 순간도 있었지만, 부부는 예전이라면 실패라고 여겼을 그런 작은 경우들을 완전히 무시했다. 반면 조쉬가 혼자서 유아용 변기를 사용할 때마다 호들갑을 떨며 아들을 칭찬하고 상을 주었다.

점차 조쉬가 혼자서 자신의 작은 변기에 앉아 볼일을 보는 횟수가 늘어나기 시작했다. 오래지 않아 아빠는 아들에게 커다란 변기에서 서서 용변을 보는 방법을 보여주었고, 조쉬는 작은 유아용 변기에서 아빠의 행동을 따라 하기 시작했다. 아이가 작은 용변기에서 대변을 보기 시작했을 때, 에이미는 유아용 변기의 내용물을 어른용 변기에 붓고 물을 내리는 법을 가르치기 시작했다.

어느날 밤, 매트와 에이미는 조쉬를 재운 뒤 소파에 편안하게 자리를 잡고 앉았다.

"여보."

매트가 입을 열었다.

"고래 반응 기법을 이용해 조쉬를 가르치기로 한 거 말이야, 정말 근사한 생각이었어. 나도 당신 덕분에 정말 많은 걸 배웠어. 무엇보다도 인내심이라는 걸 배우게 된 것 같아!"

## 아기 고래 반응 노트

# 배변 훈련은
# 어떻게 할까?

**성공을 위한 환경 조성하기**

배변 훈련을 재미있는 것으로 만들어라. 긍정적인 면을 강조하라. 배변 훈련을 시작하는 타이밍을 결정하기 위해서는 관찰과 끈기가 필수적이다. 비록 당신은 준비되어 있더라도 당신의 자녀는 그렇지 못할 수도 있기 때문이다. 가령 아이가 기저귀를 벗겠다고 떼를 쓴다고 해도 그것이 화장실에 갈 준비가 되었다는 믿을 만한 단서는 아니다. 그저 기저귀의 촉감을 싫어하기 때문일 수도 있다. 무엇보다도 앞에서 제시한 고래 반응 법칙을 따라야 한다. 배변 훈련에 성공하기 위해서는 중요한 변수들, 즉 아이가 볼일을 보는 시간과 빈도 수, 싫어하는 것과 좋아하는 것 등을 신중한 관찰을 통해 파악해야 한다. 이런 점들을 숙지한 상태로 아이가 불편해하는 기색을 보이는 순간들을 (사타구니를 만지작거리거나 기저귀를 잡아당기는 등) 잡아내야 한다.

### 실패를 무시하고 새로운 방향으로 관심 전환하기

아이가 실수를 저질렀을 경우, 어떤 형태로든 비난하거나 반응을 보이지 말고 다른 방향으로 전환할 기회를 찾아라. 간단히 말해 '사고'에는 흥미를 보이지 말고 다른 긍정적인 일로 아이의 관심을 돌리는 것이다. 다시 한 번 강조하지만 당신이 원치 않는 아이의 행동에는 아무런 관심도 주지 마라. 부정적인 것도 강조해서는 안 된다. 대신에 아이가 잘한 일을 포착하라!

### 칭찬은 아기 고래도 춤추게 한다!

아이가 당신이 원하는 방향에 가까운 행동을 했을 때 그것을 강조하고 주의를 집중시킬 기회를 절대로 놓치지 마라. 완벽한 순간을 기다리지 말고 완벽에 '가까운' 행동을 칭찬하라. 아이가 진전을 보였을 때 무엇을 보상으로 사용할지 미리 결정해둔다. 칭찬, 스티커 차트, 예쁜 상장, 특별한 장난감, 맛있는 음식 등 아이가 좋아하는 것이라면 무엇이든 상관없다. 중요한 점은 보상의 종류를 다양하게 준비해, 중요한 순간이 찾아왔을 때 무슨 보상을 줄 것인지 생각하거나 찾아보느라 시간을 낭비해서는 안 된다는 것이다. 보상이 늦어져서 그런 중요한 기회를 놓치고 싶지는 않을 것이다. 언제나 아이 옆에서 지켜볼 수는 없겠지만, 아이와 함께 있을 때는 고래 반응을 할 수 있는 기회를 찾기 위해 언제나 두 눈을 크게 뜨고 지켜보라! 당신의 자녀가 '이해했다'는 것을 뜻하는 말이나 행동을 하면 반드시 강화해주어야 한다.

## 우리 아이가 달라졌어요!

### 13장

예의 바른 아이로 만드는 도덕성 훈련

"아이가 도덕적으로 행동하길 바라고 기대하는 것은
성공을 위한 환경을 조성하는 것과 똑같아요.
먼저 부모로서 자기 자신부터 바르게 행동해야겠죠.
아이들이 나쁘게 자라지나 않을까 걱정을 하다보면 자신도 모르게
그런 부정적인 행동을 강화하게 되는 거예요."

보통 '예의가 바르다'는 것이 다른 사람들을 존중하고 친절하게 대하는 것임을 알고 있는 에이미와 매트는 일찍부터 조쉬에게 그러한 태도를 심어주고 싶었다. 다른 아이들의 무례하고 버릇없는 행동을 수없이 봐온 그들은 조쉬에게 문제가 발생하기 전에 지금 올바른 예의범절을 가르치는 게 좋겠다는 결정을 내렸다.

어떻게 하면 조쉬에게 그들이 원하는 행동을 가장 잘 가르칠 수 있을지 기나긴 토론을 한 끝에, 고래 반응 양육법을 응용하기로 했다. 매트가 자진해서 교섭인이 되겠다고 나섰다. 토요일 밤 그와 조쉬는 거실 소파에 앉아 조쉬가 가장 좋아하는 시리얼인 치리오스 한 사발을 눈앞의 탁자에 올려놓은 채 이야기를 나누었다.

"조쉬, 아빠랑 재미있는 놀이 하나 하지 않을래?"

매트가 말했다.

조쉬가 간절한 눈빛으로 치리오스를 바라보며 고개를 끄덕였다.

"'해주세요, 고맙습니다'라는 놀이란다."

매트가 치리오스를 한 움큼 손에 쥐고 높이 들어올렸다.

"'주세요'라고 말해볼래?"

매트가 말했다. 조쉬가 시리얼을 향해 손을 뻗자 매트는 주먹을 높이 치켜든 채 다시 한 번 말했다.

"'주세요'라고 해봐."

조쉬가 치리오스를 향해 한껏 팔을 뻗치며 말했다.

"주세요."

매트는 손에 쥔 치리오스를 조쉬에게 주면서 칭찬을 해주었다. 그러나 그는 조쉬가 치리오스를 입으로 가져가기 직전 아들의 손을 붙잡고 다시금 말했다.

"자, 그럼 이젠 '고맙습니다'라고 말해야지. 조쉬? '고맙습니다'라고 말해봐. 고맙습니다아."

조쉬가 고개를 들더니 말했다.

"고맙습니다."

조쉬의 말을 들은 매트는 그 즉시 잘했다고 칭찬하고, 조쉬에게 치리오스를 한 주먹 더 건네주었다. 매트와 조쉬는 이런 과정을 두

13장 우리 아이가 달라졌어요! **213**

어 번 되풀이했고, 매트는 이런 말로 오늘의 놀이를 마무리 지었다.

"우리 조쉬, 이제 어른이네! 아빠 우리 아들을 정말정말 사랑한단다!"

그 후 며칠 동안 매트와 에이미는 보상의 종류를 다양하게 바꾸고 조쉬가 흥미를 느낄 수 있도록 재미를 더해가면서 이 '놀이'를 계속해서 반복했다.

"당신 덕분에 고래 반응 양육법을 점점 더 잘 이해할 수 있게 된 것 같아. 사실 당신은 범고래에게 '주세요'와 '고맙습니다'라고 말하는 법을 가르치진 않잖아. 하지만 당신이 고래를 어떤 방식으로 훈련시키는지 말해준데다 그 방법이 계속 효과를 거두는 걸 보니 나도 좋은 아빠가 되는 데 거의 모든 분야에 이 방법을 사용할 수 있을 것 같아."

매트가 뿌듯한 표정으로 말했다.

"맞아. 우린 고래들에게 스스로 옷 입는 법을 가르치지는 않지. 하지만 난 고래 반응 양육법을 활용해 그걸 조쉬한테 가르칠 거야."

에이미 역시 옷 입는 법을 가르친다는 새로운 도전 과제가 생긴 것에 만족한 얼굴이었다.

에이미와 킴 리는 씨월드의 야외 테이블에 함께 앉아 점심을 먹고 있었다. 엄마로서 애를 키운다는 것이 얼마나 힘든지 서로 토로

하던 그들은 가까운 풀에서 세 마리의 고래들이 나른하게 움직이는 모습을 지켜보았다. 그런데 그중 두 마리는 별로 사이가 좋지 않은 것 같았다.

"사구가 타트를 괴롭히는 것 같지 않아요?"

에이미가 물었다.

"무슨 일인지 모르겠네. 하지만 확실히 사구가 장난 치고는 너무 거칠게 타트에게 달려들고 있네요."

갑자기 엄청난 양의 물이 소용돌이치더니 검은 형체 하나가 다른 고래들을 향해 돌진해왔다. 캐건이었다. 캐건이 사이에 끼어들자, 서로 부딪치며 갈등을 일으키고 있던 두 마리의 범고래가 재빨리 머리를 돌려 각자 다른 방향으로 흩어졌다.

"와!"

에이미가 흥분해서 자리에서 벌떡 일어나며 말했다.

"방금 그거 보셨어요? 캐건이 둘이 싸우는 걸 말렸어요. 용감하기도 해라!"

"그래 보이네요."

킴 리가 대답했다.

"하지만 캐건은 타트의 엄마예요. 사구가 자기 새끼를 괴롭히는 게 마음에 들지 않았던 거죠."

에이미의 풀죽은 표정을 보자 그녀의 코치는 다정하게 덧붙였다.

"알아요. 우리 인간은 동물들에게도 생존을 위한 행동 외에 다른 동기가 있을 거라고 믿고 싶어 하죠. 사실 야생의 삶은 아주 간단하고도 가혹해요. 어떤 동물들은 지적능력을 지니고 있지만 그들의 삶을 지배하는 동기는 기본적으로 먹이와 종족보존, 그리고 무리 지배에 대한 본능이죠."

킴 리는 생각에 잠겼다.

"다른 포유류처럼 고래도 새끼를 키울 때 매우 깊은 모성애를 발휘해요. 바다에 사는 범고래는 무리를 지어 사냥을 하면서 어느 정도의 팀워크를 보여주고요. 가끔씩 범고래가 해변이나 빙하에 올라와 바다사자나 펭귄을 잡아 다른 고래한테 던져주는 모습을 본 적이 있을 거예요. 그건 생존 기술일 따름이지 도덕적인 선택이 아니랍니다."

"맙소사."

에이미가 말했다.

"전 이제껏 고래한테 많은 걸 배웠어요. 그래서 우리 아들에게 옳고 그른 것을 분간할 수 있는 방법을 가르칠 때도 고래들이 스승이 되어주길 바랐는데, 아무래도 그건 안 될 것 같네요."

에이미가 어깨를 으쓱했다.

"하지만 이것만은 확실해요. 전 제 아이의 도덕성을 운이나 우연에 맡기진 않을 거예요. 저 바깥세상엔 애들한테 안 좋은 영향을 주는 게 너무 많잖아요. 왕따, 폭력, 도둑질, 사기, 거기다 다른 사람들을 무시하고 존중하지 않는 고약한 행동들까지……. 전 우리가 도덕적인 비상사태에 처해 있다고 생각해요."

"누가 봐도 그렇죠."

킴 리가 같은 의견이라는 듯 단호하게 말했다.

에이미는 고민에 빠졌다.

"걱정이네요. 전 조쉬가 앞으로 살아가면서 도덕적으로 올바른 선택을 할 수 있게끔 어렸을 때부터 옳고 그름에 대한 바른 생각을 심어주고 싶어요. 그렇지만 그걸 어떻게 가르쳐야 할지 난감해요. 전 조쉬에게 잔소리만 늘어놓기보다 실제로 본보기가 되는 그런 부모가 되고 싶어요. 하지만 어떻게 해야 그럴 수 있을지 모르겠어요."

에이미는 킴 리에게 미소를 지어보였다.

"그러고 보니 코치님은 아동발달 분야를 공부하셨죠? 혹시 제게 가르쳐주실 건 없나요?"

킴 리는 조금도 주저하지 않고 대답했다.

"도덕지능에 관해 말하는 거로군요. 옳고 그름을 이해할 수 있고, 확고한 윤리관을 가지고 거기에 따라 올바른 방식으로 행동할 수 있는 능력 말이에요."

"그런 도덕지능은 사람들에게 어떻게 나타나나요?"

에이미가 물었다.

"보통은 정직이나 청렴함, 또는 다른 사람들의 고통에 감정을 이입하는 능력, 부적절한 의도를 지닌 행동을 피하는 것, 충동을 억제하고 만족감을 지연시킬 수 있는 능력, 그리고 타인을 존중하고 불의에 맞서는 행동과 같은 특성으로 표현되지요."

"그건 어른들에게도 무척 힘든 일이네요."

"'특히' 어른들한테 더 힘들죠."

"요즘엔 아이들에게 그런 걸 가르치는 게 점점 더 어려워지는 것 같아요. 하지만 전 그런 폭력과 야비함에 맞서는 게 정말로 중요하다고 생각해요. 우리 아이들이 착하게 자랄 수 있도록 최선을 다해야 한다고 생각하고요."

킴 리는 고개를 끄덕였다.

"대학원에서 들은 수업 중에 아이의 도덕지능 발달에 관한 게 있었어요. 아마 그중에서 가장 중요한 건 '기대의 위력'이었을 거예요. 아이가 도덕적으로 행동하길 바라고 기대하는 것은 성공을 위한 환경을 조성하는 것과 똑같아요. 먼저 부모로서 자기 자신부터 바르게 행동해야겠죠. 아이들이 나쁘게 자라지나 않을까 걱정을 하다보면 자신도 모르게 그런 부정적인 행동을 강화하게 되는 거예요."

"흠, 그거 흥미로운 지적이네요."

에이미가 말했다.

"우리 할아버지가 비슷한 말씀을 하시곤 했거든요. '언제나 네가 구하는 것을 얻게 될 거다.'"

"에이미가 그 말을 하니 재미있네요. 왜냐하면 그건 두 번째 고래 반응 원칙과 같거든요. 실수나 잘못한 일을 무시하고 관심을 전환하라. 아이가 올바른 행동을 하길 바라는데 아이가 나쁜 짓을 한다면, 아이와 마주보고 앉아서 '어째서' 그 행동을 하길 원하는지 차분하게 설명하고 그것이 왜 아이에게 좋은지를 강조해야 해요. 예를 들어 애가 거짓말을 했을 경우에는 이렇게 말할 수 있겠죠. '진실을 말한다면 네 친구들은 널 항상 믿을 거야. 하지만 네가 거짓말을 한다면 그 애들은 널 믿을 수가 없겠지.' 그런 다음 아이가 잘 할 거라고 믿는다는 말로 관심을 전환시키면서 이야기를 끝내는 거예요. '때로는 항상 정직하게 행동하는 게 힘들 수도 있단다. 그렇지만 난 네가 다른 사람들의 존경을 받는 사람이 될 수 있을 거라 믿어. 네가 앞으로 정직한 모습을 보여준다면 엄마는 정말 기쁠 거야.'"

"그거 좋은데요."

에이미가 말했다.

"하지만 조쉬한테는 그렇게 설명하지 않을 거예요. 아직 너무 어리니까요. 그렇지만 그 방법을 응용할 수는 있을 것 같아요. 전 고래 반응 양육법의 신봉자가 되고 말았거든요. 다른 사람들에게 친절하고 상냥하게 굴 때마다 칭찬하고 보상을 해주는 방식으로 우리 애를 착하고 정직한 아이로 기르고 싶어요. 벌써부터 그런 성격이 나타나기 시작했는걸요. 조쉬의 그런 모습을 볼 때마다 기분이 좋아져요. 지금부터 그런 특성들을 키워주면 장기적으로도 그 애가 행복해질 거라고 믿어요."

"내 생각도 그래요."

킴 리가 말했다.

"내가 씨월드에서 배운 것들을 우리 아이들을 키우는 데 이용했을 때 가장 크게 깨달은 건 바로 이거예요."

> 아이들을 교육시키고 자신감과 능력을 기르는 가장 중요한 열쇠는 그 아이들이 잘한 일을 포착하는 것이다.

"그게 바로 고래 반응 양육법의 핵심이죠."

에이미가 미소 띤 얼굴로 대꾸했다.

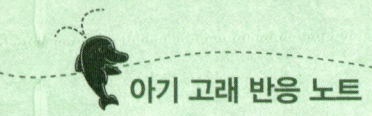

# 예의 바른 아이로 만드는 도덕성 훈련

**성공을 위한 환경 조성하기**

이 챕터의 일부분은 미셸 보바의 '도덕지능'에 기반을 두고 있다. 도덕지능은 습득하는 것이다. 자녀가 아장아장 걷는 나이가 되었을 때부터 교육을 시작하라. 도덕성 발달에 관한 최근의 연구에 의하면 아동들은 생후 6개월 때부터 이미 타인의 고통에 반응하고 감정이입의 토대를 발전시키기 시작한다고 한다. 그런데 많은 부모가 아이가 대여섯 살이 되었을 때 비로소 도덕적인 면모를 장려하기 시작한다. 하지만 이같이 늦은 대응은 잠재적으로 아이들의 도덕적인 성장을 가로막는 파괴적이고 부정적인 버릇을 키울 가능성을 증

가시킬 뿐이다.

따라서 부모인 여러분이 직접 모범을 보여주고 가르치고 고취시키고 강화함으로써 당신의 자녀가 올바른 양심과 자제력, 타인에 대한 감정이입과 존중심, 관용, 상냥함, 공정함이라는 미덕을 배우게 해야 한다. 무엇보다 가장 중요한 것은 부모가 도덕성에 있어 자녀의 귀감이 되는 것이다.


### 실패를 무시하고 새로운 방향으로 관심 전환하기

도덕성에 특히 높은 가치를 부여하는 부모들은 아이들에게 설교를 늘어놓거나 꾸짖는 경향이 있다. 이러한 태도를 지양하고 언제나 긍정적이고 참을성 있게 아이의 도덕성을 장려하고 발달시켜야 한다. 이 영역에서는 특히 전환 기법이 필수적이다. 아이가 규칙을 위반했을 경우 그 자리에서 즉시 반응하려는 충동을 억제하고 당신과 아이가 차분하고 평온해질 때까지 기다려라. 아이의 행동을 비난하지 않으면서도 아이를 존중하는 태도로 방금 행동을 묘사하며 대화를 나누어라. 부드럽지만 단호하게 다시 한 번 규칙을 설명한다. 좀 더 나이가 든 아이의 경우에는 도덕적 사고를 향상시키는 방편으로 스스로 질문을 던져보게 할 수 있다. "만일 누가 너를 그런 식으로 대한다면 기분이 어떻겠니?" 그런 다음 아이에게 보상을 줄 수 있는 것을 찾아내어 좋은 기분을 느끼게 해준다.

**칭찬은 아기 고래도 춤추게 한다!**

당신의 자녀가 윤리적으로 행동할 것이라는 확신을 가져라. 아이의 본성을 믿는 것이다. 그런 다음 아이가 바람직하고 옳은 일을 하는 장면을 포착하도록 노력한다. 아이가 친절하고 상냥한 행동을 하도록 격려하고, 그러한 행동을 실천하면 "네가 잘해낼 줄 알았단다"라고 부모가 기뻐하고 있음을 알려주어라. 자녀가 도덕적으로 성장할 때마다 아이의 자제심과 겸손함, 용기, 정직함, 이타성을 칭찬하고 축복해주어라.

| 저자 후기 |

# 아이를 망치는 칭찬,
# 아이를 살리는 칭찬

자, 자녀를 키우는 부모로서 정직하게 대답해주기 바란다. 아이가 밤에 잠을 자러가기 싫다고 투정을 부리거나, 몸에 좋은 음식은 질색이라고 징징거리거나, 친구들에게 자기 장난감을 만지지 말라고 울부짖으며 비닥을 뒹구는 걸 한 번이라도 경험해본 적이 있는가? 그럴 때 여러분은 어떻게 하는가? 아이를 꾸짖거나, 똑같이 맞고함을 지른다거나, 아니면 "안 돼, 안 돼, 안 돼"라는 말만 끊임없이 반복하고 있지 않는가? 아이에게 숙제를 시키거나 집안일을 돕게 하기 위해 고생한 적은? 아이가 형제자매를 놀리거나, 서로 치고받고 싸우거나, 버릇없는 행동을 할 때는 어떻게 하는가? 규칙을 정하고 반성할 시간을 주거나 아이의 행동을 엄격하게 다스리고 통제할 수 있는 좋은 비법이 필요하다는 생각이 드는가?

아이를 키운다는 것은 끊임없는 시도의 연속이다. 게다가 힘들고 고달픈 문제들이 쌓여갈수록 부모들은 잘못된 육아 패턴을 고민 없이 반복하게 된다. 결국 부모와 자녀 양쪽 모두에게 부정적인 영향을 미치는 관계가 만들어지는 것이다. 막상 그런 상황이 닥치면 더 나은 방법이 어딘가 존재할 것이라는 사실조차 머릿속에 떠오르지 않는다. 하지만 이 책은 바로 그런 상황들을 해결할 방법을 제시해준다. 간단히 말해 이 책은 부모로서 행복감을 느낄 수 있는 방법에 대한 이야기다. 당신 자신, 당신과 자녀와의 관계, 가정생활에 대해 더욱 즐겁고 흡족한 기분을 느낄 수 있도록 말이다.

이 책 《칭찬은 아기 고래도 춤추게 한다》는 이미 과학적으로 입증된 긍정의 원리에 기반을 두고 있다. 무엇보다 중요한 점은 이 방법이 실제로 효과적이라는 것이다! 이 책은 해양포유류 조련 분야에서 이미 커다란 효과를 거둔 바 있는 행동 원리를 자녀 교육이라는 영역에 적용시킨다. 그리고 그 원리는 매우 단순하고도 친숙하다. 긍정적인 면을 강조하고 부정적인 면을 무시하라! 너무 쉽다고? 그렇다. 그러나 이를 실제로 실천에 옮기기는 결코 쉽지 않다.

이 책의 많은 부분이 육아에 초점을 맞추고 있지만 후반부에 이르면 10대를 비롯해 그보다 나이 많은 자녀들의 교육에도 똑같은 요령을 적용할 수 있음을 알게 된다. 실제로 '고래 반응'은 행동과학의 보편적 원리에 기반하고 있기 때문에 연령대와 상관없이 모든 사람들에게 효과적이다.

육아라는 새로운 세계에 발을 들여놓은 신참 부모들은 대개 자신을 키워준 부모들의 방법을 답습하는 경우가 빈번하다. 물론 괜찮은 결과가 나타날 때도 있다. 하지만 대부분의 경우 그런 젊은 부모들은 무의식중에 각인된 부정적인 양육 방식을 물려받아 나쁜 결과를 초래하는 경우가 훨씬 더 많다. 이 책에 제시된 자녀 교육의 방법들은 어린 시절의 막연한 기억이나 사람들 사이에 떠도는 풍문에 의지한 것들이 아니다. 이 방법들은 확고하고 명백한 행동과학 법칙에 기반을 두고 있다. 전작 《칭찬은 고래도 춤추게 한다》에서도 설명했듯이, 현대의 해양동물 조련사들은 긍정강화 방식에 의존하고 있다. 그러나 늘 그랬던 것은 아니다. 1970년대에 동물 조련분야는 지금과는 완전히 다른 세계였다. 당시만 해도 동물조련사들은 과학적인 접근법을 거의 사용하지 않았기 때문이다.

과거에 동물조련은 남성이 지배하는 영역이었다. 대부분의 경우 조련사들은 혼자 일하며 자신만의 스타일과 전략을 개발했기 때문에 성공률이 낮았고, 동료들과 아이디어를 공유하거나 협력을 구할 생각조차 하지 못했다. 그들이 일부러 조작적 조건화(Operant Conditioning, 행동과학 이론 중 하나로, 어떤 반응에 대해 선택적으로 보상함으로써 그 반응이 일어날 확률을 증감시키는 방법)를 무시한 것이 아니다. 단지 그것이 무엇인지 몰랐을 뿐이다!

그런데 씨월드의 동물조련사들은 '틀림없이 그보다 더 나은 방법이 있을 것'이라는 생각을 했다. 그들은 행동과학 분야를 자세히 연구하기 시작했고, 그 결과 씨월드는 현재 전 세계에서 널리 사용되는 긍정강화 훈련법의 선두주자가 되었다.

처음에 그들은 매우 한정된 강화기법을 사용했다. 그런데 하나의 강화물, 즉 먹이로는 동물들과 진정으로 깊고 친숙하며 영구적인 관계를 수립할 수 없었다. 하지만 시간이 지나면서 씨월드 조련사들은 고래들이 선호하는 다양한 강화물을 활용해 바람직한 행동을 강화하고 보상을 함으로써 보다 끈끈한 유대감을 기를 수 있었고, 고래들과 함께 물속에서 즐거운 시간을 보낼 수 있게 되었다. 그리고 그렇게 깊고 친숙한 관계는 오늘날 여러분이 볼 수 있는 근사하고 멋진 공연으로 이어졌다.

타드와 처크가 범고래를 훈련시키는 법에 관해 배우고 있었을 때, 나는 명령하달식 리더십이 조직 내 사람들에게 미치는 부정적인 영향에 관심을 기울이고 있었다. 그 연구에서 나는 사람들을 발전시키는 비결이 그들이 잘한 일을 알아보고 인정하는 것임을 깨달았다. 그러다 놀라운 행운에 힘입어 나를 비롯해 타드와 처크, 짐이 한 자리에 모이게 되었고, 그 결과 《칭찬은 고래도 춤추게 한다》를 출간할 수 있었다.

2003년 출간된 이 책은 전 세계를 강타하는 대성공을 거두었을 뿐만 아니라 그 과정에서 수많은 사람들의 삶을 변화시켜주었다. 이 책은 평범한 한 남자가 전문 고래조련사들이 사용하는 것과 똑같은 원리를 활용하여 가정과 회사에서 훌륭한 관계를 확립해나가는 과정을 담고 있다. 《칭찬은 고래도 춤추게 한다》가 세상에 공개된 후, 우리는 자주 이런 질문을 받곤 했다. "이 책에 담긴 원칙을 아이들에게도 적용할 수 있을까요?" 그래서 우리는 그 질문에 "그렇다!"고 자신 있게 대답할 수 있는 두 번째 책이 필요하다는 사실을 깨달았다. 아이들에게 고래 반응 기법을 적용하는 것은 매우 자연스러운 과정이다. 그리고 이는 어른들, 즉 부모들과 함께 할 때 훨씬 더 쉽게 익힐 수 있으며, 그 효과 역시 지속적으로 유지될 수 있다. 고래 반응은 단순한 기법이나 기술이 아니다. 그것은 하나의 철학이며 현대 사회에 절실히 필요한 것이다. 간단히 말해 우리가 내세우는 고래 반응이란 사람들을 자세히 들여다보고 그들의 장점을 찾아내는 것이다. 우리는 이 책이 어린 자녀를 둔 부모와 조부모뿐만 아니라 육아나 자녀교육과 관련된 일을 하는 모든 사람들에게 그들의 역할을 새로운 눈으로 바라볼 수 있도록 영감을 줄 수 있길 바란다. 에이미와 매트, 그리고 이 부부의 어린 아들 조쉬의 이야기를 통해 여러분은 이제껏 알고 있었던 것, 즉 긍정적인 것은 위대하다는 사실을 깨달았을 것이다.

-켄 블랜차드

KI신서 2184

# 칭찬은 아기 고래도 춤추게 한다

1판 1쇄 인쇄 2010년 2월 12일
1판 7쇄 인쇄 2010년 3월 16일

지은이 | 켄 블랜차드, 타드 라시나크, 처크 톰킨스, 짐 발라드
옮긴이 | 박슬라
펴낸이 | 김영곤
펴낸곳 | (주)북이십일 21세기북스
출판컨텐츠사업부문장 | 정성진
출판개발본부장 | 김성수
경제경영팀장 | 류혜정
기획·편집 | 박의성
일러스트 | 최현주
디자인 | 김진디자인
마케팅·영업본부장 | 최창규
마케팅·영업 | 김보미 김용환 이경희 김현섭 허정민 노진희
출판등록 | 2000년 5월 6일 제10-1965호

주소 | (우413-756) 경기도 파주시 교하읍 문발리 파주출판단지 518-3
대표전화 | 031-955-2100 / 팩스 | 031-955-2151
이메일 | book21@book21.co.kr
홈페이지 | www.book21.com
ISBN 978-89-509-2209-2 13370

\* 책값은 뒤표지에 있습니다.
\* 이 책 내용의 일부 또는 전부를 재사용하려면 반드시 (주)북이십일의 동의를 얻어야 합니다.
  잘못 만들어진 책은 구입하신 서점에서 교환해 드립니다.